ELEMENS DE CAVALERIE,

TROISIE'ME PARTIE,

Contenant l'Ostéologie du Cheval, ses Maladies, leurs Remédes; avec les Opérations qui se pratiquent sur cet Animal.

Par M. D. L. G. Ecuyer du Roy.

Tom. II.

A PARIS,
Chez les Freres GUERIN, rue S. Jacques, vis-à-vis la rue des Mathurins, à Saint Thomas d'Acquin.

───────────────

M. DCC. XLI.
Avec Approbation & Privilege du Roy.

AVERTISSEMENT.

CETTE troisiéme Partie renferme trois Traités. Le premier, est un Traité des Os du Cheval, dont la description a été faite sur le Squelette même de cet Animal. Le second, est celui des Maladies; & le troisiéme, est un Traité des Opérations de Chirurgie, qui se pratiquent sur les Chevaux.

Dans le Traité des Maladies on s'est attaché à donner des définitions claires, nettes & courtes de chaque Maladie, & à la faire distinguer de celles qui y peuvent ressembler. C'est cette partie que les Medecins appellent le *Diagnoſtic*, & dont le manque de connoiſſance cauſe de ſi grands déſordres. Après le Diagnoſtic, on a expliqué le *Pronoſtic* le plus exactement que l'on a pû : c'eſt donc ſur la méthode qu'on a le plus inſiſté. On appelle *Méthode*, le point de vûe principal, que l'on doit toujours avoir devant les yeux, pour parvenir à la guériſon ; pour connoître les différens mouvemens de la Nature, qui doivent indiquer le parti qu'il faut prendre, afin de l'aider, quand ſes efforts ne ſont pas ſuffiſans pour ſe délivrer de la Maladie. On a choiſi parmi les Remédes, ceux dont l'expérience a assûré le succès.

A l'égard des Dissertations sur les Fermentations différentes, que subissent les humeurs dans chaque Maladie, (sur lesquelles se sont beaucoup étendus les Auteurs qui ont traité de la Maréchallerie) on les croit entiérement inutiles pour la guérison. Il faut laisser les Physiciens s'exercer sur cette matiére. Quant aux influences de la Lune & des autres Planetes, on s'est abstenu d'en parler aussi ; parce que leur puissance sur les Corps terrestres n'est pas encore démontrée ; que cette matiere est trop obscure pour entrer dans de si grands détails, & que cette opinion a beaucoup perdu de fon crédit dans le fiécle où nous fommes.

On a réfervé pour la fin de cet Ouvrage, une courte peinture des Opérations Manuelles ou Chirurgiques, que l'on doit pratiquer fur le Corps des Chevaux, & la maniere de les panfer après que les Opérations font faites.

ELEMENS

ELEMENS
DE
CAVALERIE
TROISIE'ME PARTIE.

CHAPITRE PREMIER.

Hippostéologie, ou Traité des Os du Cheval.

VANT que d'entrer en matiere sur les Os du Cheval, il est à propos d'expliquer quelques termes qui pourroient sem-

III. Part.   A

bler barbares, mais dont on fera obligé de se servir dans la suite, parce qu'ils sont consacrés.

Toutes les parties du Corps de l'Animal peuvent se rapporter à une seule, comme la plus simple, que l'on nomme, FIBRE, FIBRILLE, FILAMENT, FIL ou FILET. C'est une partie étendue en longueur, & à laquelle l'imagination donne peu d'épaisseur, & encore moins de largeur.

Selon que ces Fibres sont différemment arangées, on leur donne différens noms, parce qu'elles forment différentes parties.

Lorsqu'elles sont plusieurs ensemble, rangées sur un plan parallele croisées & entrelassées par d'autres perpendiculaires ou obliques, elles forment les Membranes.

Sont-elles rangées plusieurs en-

DE CAVALERIE.

semble en forme de Cylindre, comme les douves d'un Tonneau, & entrelassées par d'autres Fibres, ou en Orle * ou Spirales, elles forment des tuyaux que l'on appelle *Vaisseaux*.

Imaginez un Vaisseau replié autour de lui-même en forme de peloton, lequel se divise à la sortie en deux branches, dont l'une sépare une liqueur superflue ou nécessaire à d'autres usages, & l'autre rapporte à la masse du Sang le reste de la liqueur qu'il a apportée, & vous aurez l'idée de la glande, que les Anatomistes appellent *Conglobée*.

Si le Vaisseau sépare une liqueur superflue, comme l'Urine, la Sueur, &c. on l'appelle EXCRE-

---

* *Orle, est la figure que décrit la ligne qui passeroit dans toutes les dents d'une roue d'Horloge.*

teur : s'il sépare une liqueur utile, comme la Bile, la Salive, &c. on le nomme Secreteur.

De l'amas de plusieurs de ces glandes réunies, naissent les conglomerées.

Les Fibres réunies en un seul faisceau blanc, qui remonte jusqu'au Cerveau, en se joignant à d'autres, semblablement compactes & serrées, sans former de cavité sensible dans les troncs, après la réunion de plusieurs de ces paquets joints ensemble, elles font les Nerfs destinés à porter le sentiment, & peut-être le mouvement dans toutes les parties.

On en trouve dans le même ordre, qui par leur réunion, forment aussi un Corps blanc, mais devenant plus lâches, moins serrées par une, quelquefois par les deux extrémités, forment une masse ou substance rougeâtre par le sang dont elle est abreuvée, que l'on nomme Muscle ou Chair, & le Corps blanc s'appelle *Tendon*.

Lorsque cette masse rougeâtre ne s'y trouve point, & que ces Fibres ne viennent point prendre leur origine dans le Cerveau, ce ne peut être qu'un ligament; ils servent communément à unir deux Os ensemble, & quelquefois à donner attache à quelque viscere.

Un Muscle a quelquefois deux tendons, & un tendon se trouve aussi quelquefois entre deux extrémités musculeuses: ces mêmes Fibres musculeuses, imitant la figure circulaire ou d'un anneau, s'appellent SPHINCTERES, du mot Grec σφιγτής qui signifie ANNEAU.

De ces Vaisseaux, il en est qui

ont naturellement, & sans interruption un batement ou une vibration que l'on appelle *Poulx* à PULSU; ce sont les Artéres, qui portent le sang du Cœur à toutes les parties du Corps; celles qui le rapportent des extrémités, n'en ont point, & s'appellent *Veines*.

Il y a encore d'autres Vaisseaux destinés à porter ou contenir d'autres liqueurs, mais ils ont tous le nom commun de SECRETEURS OU EXCRETEURS, & la liqueur qu'ils contiennent, suivant sa qualité, en caractérise le nom particulier.

L'Anatomie moderne a pourtant donné à ceux destinés à la circulation de la Limphe, celui de Veines & d'Artéres Limphatiques.

On entend par Limphe, la partie du Sang qui se coagule dans

la Poëlette, & se liquefie à une chaleur douce, au lieu qu'elle se durcit à un feu violent.

Lorsque ces mêmes filamens se trouvent dans un degré de compaction plus serré que les ligamens, & abreuvés d'un suc visqueux & gluant, ils ont beaucoup plus de ressort, & sont propres à servir de coussins à des parties plus dures, plus solides & plus cassantes ; sçavoir, les Os, qui se froisseroient continuellement par le contact, & se briseroient promptement, s'ils n'en étoient revêtus à chacune de leurs extrémités, qui peuvent être sujettes au contact d'un Os voisin ; c'est à cet emploi que sont destinés ces cartilages : l'humidité gluante & visqueuse dont ils sont abreuvés, venant à se dessécher, ils acquérent souvent la dureté des Os,

& le deviennent même avec le tems.

L'Os enfin se forme de la réunion de quelques Fibres, comme le cartilage, mais beaucoup plus serrées, & qui laissant par conséquent moins de passage au suc qui pourroit les humecter, se desséchent plus vîte.

Des deux substances qui se remarquent dans l'Os ; l'une, que les Anatomistes appellent *Vitrée*, est cassante, & l'autre spongieuse : on peut en entrevoir la raison sur les mêmes principes que nous avons avancés.

L'on considére dans l'Os des éminences & des cavités.

Les éminences ont deux sortes de noms, *Apophise* & *Epiphise*.

L'Apophise est une éminence, saillie, ou inégalité de l'Os faite par l'expansion ou prolongation des Fibres mêmes de l'Os.

L'Epiphife est un Os enté sur un autre, mais plus petit que celui sur lequel il est enté, & qui s'articule fans mouvement, à la faveur d'un cartilage mince qui les unit, & ne fait des deux Os qu'une piéce folide. Ce cartilage venant à s'offifier foi-même, comme on a dit que cela arrivoit quelquefois, l'Epiphife devient pour lors Apophife.

Les cavités de l'Os ont plufieurs fortes de noms; mais comme ils font pris de leur figure, nous en pafferons les définitions, qui feroient plus obfcures que ce que nous voudrions définir; car qui ne fçait pas ce que fignifie, *Trou*, *Canal*, *Foffe*, *Sinus* ou *Cul-de-Sac*, *Echancrure*, *Sinuofité* ou *Sillon*, *Sciffure* ou *Goutiere*, &c ?

Il s'agit plûtôt de fçavoir à présent de quelle maniere tant de piéces d'Os, dont le Corps est composé, sont unies ensemble.

On en distingue de deux sortes ; sçavoir, articulation avec mouvement, & articulation sans mouvement (ou jonction, c'est la même chose.)

L'articulation avec mouvement, se fait de deux manieres ; l'une par Genou, l'autre par Charniere.

Les Méchanistes appellent *Genou*, le mouvement d'une boule ou sphére dans une cavité presque sphérique, qui par conséquent se meut circulairement, & en tout sens : cette dénomination est absolument impropre, car le Genou d'aucun Animal ne se meut de cette maniere ; mais ce terme étant universellement consacré à cette maniere de mouvoir, & y ayant d'autres parties dans l'Animal où cette articulation se trouve, nous en conserverons l'expression.

La Charniere est un mouvement limité à décrire une portion de cercle, à aller & venir en un seul sens, comme celui des Charnieres de Tabatieres, des couplets de portes, ou même de celles qui roulent sur des gonds, dont il se trouve des exemples dans le Corps.

L'articulation sans mouvement, s'appelle *Suture* ou *Commissure*; c'est lorsque les inégalités de deux Os se reçoivent réciproquement dans leurs cavités, comme les Dents dans leurs Alveoles, les Os du Crâne les uns avec les autres, les Epiphises avec leurs Os, quoiqu'il y ait un cartilage entre-deux; il est donc aisé de voir que l'on appelle Suture, ce que les Ouvriers appellent *Mortaife* & *Queue d'Aronde*.

Quelques Anatomiftes ont donné plufieurs autres efpéces d'articulations ; mais comme il eft aifé de voir, en faifant quelque attention, qu'elles fe rapportent néceffairement à une de celles que nous venons d'expliquer, nous les pafferons fous filence, nous irons tout de fuite au détail des Os de l'Avant-main : & nous commencerons par ceux de la Tête.

Article Premier.

Des Os de l'Avant-main.

De la Teste.

La Tête est une boëte osseuse composée de plusieurs piéces, dont l'usage est de contenir les principaux organes des Sens, & de les défendre par sa dureté contre les chocs violens qu'ils pourroient recevoir des Corps extérieurs. Elle est composée de deux piéces principales ; sçavoir, la Mâchoire supérieure & l'inférieure. La Mâchoire supérieure (ou le Crâne) est composée de vingt-six Os, que l'on ne peut reconnoître tous, qu'en brisant le Crâne d'un Poulain très-jeune, leurs jointures ou sutures en font cependant distinguer plusieurs assez aisément les uns des autres, surtout dans les jeunes sujets.

En considérant de face un Crâne de Cheval décharné, posé horisontalement sur une table, & dont on a détaché la Mâchoire inferieure, les deux premiers Os qui se présentent par leur extrémité antérieure, sont les maxillaires, lesquels font les deux côtés de la face du Cheval. Nous appellerons face au Cheval, toutes les parties contenues depuis la partie supérieure des Yeux jusqu'au bout du Nez, y compris ce qui est couvert par la Lévre supérieure. Ces Os sont percés dans leur partie latérale moyenne d'un trou, ou plûtôt d'un canal qui donne passage à un Nerf assez gros, qui vient de la quatriéme paire du Cerveau; chacun de ces Os est percé dans sa partie inférieure de dix trous, que l'on nomme *Alveoles*, destinés à loger les Dents; sçavoir, les six Mâchelieres ou Molaires à la partie postérieure; à un pouce ou environ de distance du crochet dans les Mâles; & un peu plus avant la Dent des coins; ensuite une mitoyenne, & une des Pinces à la partie antérieure, dont les qualités, qui sont utiles pour la connoissance de l'âge, sont détaillées dans le Chapitre de l'Age : nous ajoûterons seulement ici, que ces Dents de devant ne servent point à l'Animal pour mâcher; il s'en sert pour couper le fourage, & ramener l'aliment par le moyen de la Langue & des autres Muscles de la Bouche, vers les grosses Dents postérieures pour les broyer.

Ces deux Os à la partie antérieure, forment par leur réunion, un petit canal court & contourné, par où sortent les veines du Palais, qui vont se perdre dans les Lévres,

Au-dessus de ces Os s'en présentent deux autres, qui ont la figure d'un bec d'Aigle par le bout; ils sont séparés l'un de l'autre par une longue suture qui traverse le front & remonte jusqu'au sommet : on appelle cette Suture la *Suture droite* ou *Sagittale* : ces deux Os s'appellent *les Pinnes du Nez*, & sont articulés chacun de leur côté avec les Os Maxillaires par une Suture qui en porte le nom, & est dite, *Suture pinnale* : ces Os en leur place forment une espéce de cœur.

La Suture Sagittale en remontant vers le sommet, sépare deux autres Os, qui sont ceux du Front placés directement sous l'épie ou molette

molette entre les deux Yeux. Chacun de ces Os a une Apophife ou faillie, qui fait une grande partie de l'orbite ou contour de l'Œil ; cette Apophife a un trou, par où fort un Nerf qui va au Péricrâne.

En remontant plus haut, la même Suture Sagittale traverfe deux Os, qui paroiffent triangulaires, parce qu'ils portent une figure de triangle imprimée fur leur fubftance, mais qui ne circonfcrit point toute leur étendue, qui eft beaucoup plus grande ; on les appelle *Pariétaux*, parce qu'ils font placés aux deux côtés du Front.

Cette Suture fe va enfin terminer à l'Os du toupet, où naît le poil, qui porte le même nom.

Les Pariétaux font féparés du Coronal par la Suture tranfverfe, ainfi appellée parce qu'elle eft droite, & traverfe la face hori-

III. Part.   B.

fontalement; & le Coronal l'eſt des Pinnes du Nez par l'Arcuale, nommée ainſi à cauſe de ſa figure d'Arc.

Les Os des Tempes ſont convexes en dehors & concaves en dedans. A leur partie latérale externe, ils produiſent une longue Apophiſe qui eſt coudée, & va fermer l'Orbite, & en ſe joignant avec la ſaillie de l'Os Maxillaire, & cette jointure étant recouverte d'un Os fort long triangulaire, qui eſt l'Os de la Pommette, ils forment l'arcade appellée *Zigoma*. Deſſous cette Apophiſe, eſt une cavité deſtinée à recevoir le condile de la Mâchoire intérieure; & derriere cette cavité un talon, pour y retenir la Mâchoire : ce talon s'appelle *Apophiſe Maſtoïde*.

Derriere cette Apophiſe Maſtoïde, il s'en trouve une autre longue & pointue comme une aiguille, que l'on nomme *Stiloïde*.

De ces Apophises Stiloïdes, qui portent leur direction vers le nœud de la Gorge, partent deux Os qui vont à la partie antérieure du gosier, lesquels s'unissent à angle aigu avec deux autres plus courts, qu'à cause de leur figure on nomme *les Pilons*. Sur les extrémités supérieures de ceux-ci, s'en articule un autre qui ressemble à une fourche à deux fourchons, & donne à cause de cela, à tout cet assemblage d'Os le nom commun de *Fourchette*. Cet Os est appellé par les Anatomistes, *Hyoïde*; c'est celui qu'on trouve à la racine des langues de Mouton.

Derriere le toupet se trouve un Os d'une figure singuliere; car la Tête étant renversée & couchée aussi horisontalement, en regardant de face la partie postérieure du Crâne qui est remplie par cet Os, il représente assez parfaitement la tête d'un Bœuf, son nom est *l'Occiput* ; il y a trois trous principaux & quatre Apophises : le plus grand des trous s'appelle *Ovale*, & donne passage à la moëlle allongée, qui est la prolongation de la substance du Cerveau, qui régne jusqu'à la troisiéme ou quatriéme Vertébre de la Queue : les deux autres trous donnent passage aussi à la moëlle spinale & à la septiéme paire de Nerfs, lesquels vont à la Langue, à la Gorge, & à l'Os Hyoïde.

Des quatre Apophises ou saillies, les deux plus grosses sont lisses & arondies, & sont connues sous le terme consacré de *Condiles*; les deux autres, qui sont plus longues, auront le nom de *Cor-*

nes, dont elles repréſentent la figure.

Il eſt à ce même Os une cinquiéme ſaillie ou Apophiſe, qui ſe recourbe en deſſous, pour ſervir de baſe au Cerveau : elle n'a point d'autre nom que celui d'*Avance Occipitale*.

Dans ſa partie interne il ſe trouve une petite lame mince, qui ſert de cloiſon pour ſéparer le Cerveau du cervelet : on l'appelle *la Cloiſon*.

En conſidérant toujours la baſe du Crâne renverſée, le premier Os qui ſuit l'avance de l'Occiput, eſt le Sphénoïde dérivé d'un mot Grec, qui ſignifie Coin, lequel achéve, avec un autre Os que nous allons nommer, *la Baſe du Crâne*. Cet Os a deux principales Apophiſes ou ſaillies, qu'on nomme *Ailes* à cauſe de leur figure :

ces Ailes s'élargissent vers le Palais, & au bout du plus épais de ces rebords se trouve un petit crochet ou une espéce de poulie fixe, par où passe le Tendon du Péristaphilin, Muscle destiné à relever la Luette.

Du milieu de cet Os part une autre lame osseuse, tranchante d'un côté, sillonée de l'autre en forme de goutiere, longue & mince comme un poignard, laquelle va finir à la Simphise ou réunion des Os Maxillaires. Cet Os est dit *Vomer*, par la ressemblance qu'il a au soc d'une charue.

De cet Os tout spongieux se prolongent quatre lames osseuses percées d'une infinité de petits trous, & repliées comme des cornets, attachées aux parois internes des Maxillaires, deux de chaque côté du Vomer : nous les appellerons *les Cornets du Nez.*

Le Vomer allant s'inférer par son extrémité aux Os Maxillaires, s'attache, en pàssant, aux Os du Palais, lesquels sont enfermés entre les Ailes du Sphénoïde & les Os Maxillaires. Ces Os du Palais ont chacun un trou, que l'on appelle *Guſtatif*, parce que les Nerfs du Goût, passent par ce trou; à leur réunion l'un avec l'autre, ils forment un petit bec, où s'attache la Luette.

Nous venons de voir tous les Os qui se trouvent situés sur une même ligne, depuis une extrémité du Crâne jusqu'à l'autre, tant en dessus qu'en dessous; il nous en reste trois de chaque côté, pour achever le contour de la face du Crâne. Deux de ces Os forment une grande partie de l'Orbite, & sont articulés avec l'Os

Maxillaire par une Suture ; l'un s'articule de plus avec un des Pinnes du Nez & le Coronal ; & s'appelle *l'Os du grand Angle de l'Oeil*, c'est celui qui est le plus près du Front. Dans cet Os est creusé un petit canal pour le sac lacrimal : sur le rebord que forme l'Orbite, est une échancrure pour le passage d'un cordon de Nerfs qui va aux muscles & au globe de l'Œil. L'autre Os à côté, a une Apophise ou saillie, qui par sa production acheve une grande partie de l'Orbite, fait le petit angle, & forme la moitié de cette arcade, qui fait une espéce d'anse à la Tête. Cet Os est l'Os de la Pomette.

Enfin le troisiéme & dernier des Os apparens du Crâne, est un Os enclavé dans la partie inférieure & postérieure de l'Os des Tempes,
&

& fermé par la base d'une corne de l'Os Occipital : cet Os est nommé *Pierreux* par les uns, & *Eponge* ou *Spongieux* par d'autres ; sa dureté ne laisse pas d'être assez considérable, il est fort irrégulier & composé de plusieurs parties qui ont chacune leur nom. Cet Os est creux, & sa cavité se nomme *Chambre interieure de l'Oreille* ; le conduit s'appelle le *Tuyau*. Ceux qui seront curieux de connoître parfaitement la Méchanique de cette Partie, consulteront l'Ouvrage de M. du Verney, qui en a fait un Traité fort sçavant ; nous nous contenterons de dire, que c'est dans cette chambre intérieure que sont renfermés les principaux organes de l'Ouie, lesquels sont osseux, membraneux & musculeux : les osseux, que l'on ne peut voir sans briser le Crâne, sont au nombre de trois ; l'Etrier, l'Enclume, & le Marteau, nommés ainsi à cause de leur figure.

Le dernier des Os de la Tête, est l'Os de la Mâchoire inférieure ; sa figure est assez connue : la partie antérieure s'appelle *le Menton*, où sont logées dans autant d'Alvéoles, huit Dents, y compris les crochets, dont le nom & la description ont été données dans le Chapitre de l'Age. Depuis le crochet jusqu'aux molaires, qui sont six de chaque côté, il y a un intervalle qui est la place où se met le Mors, lequel est recouvert par la Gencive ; c'est en cet endroit que se trouvent les barres ; on voit à la partie latérale externe, une espéce de trou, qui est le débouché d'un canal appellé *Conduit mentonnier*, par où passe un gros rameau de Nerfs qui en distribue un furgeon à chaque Dent.

Les deux Apophifes larges de la partie poftérieure de cet Os qui forme la Ganache, font partagées en deux autres Apophifes, dont celle qui a une tête s'appelle *Condille*, & s'articule par charniere dans une foffe de l'Apophife Maftoïde; mais comme cette charniere eft mobile elle-même, comme dans une efpéce de couliffe, elle forme un mouvement Ovalaire ou Elliptique qui imite le Genou, quoique ce n'en foit pas un. L'autre Apophife fe nomme *Coronoïde*, & donne attache à de forts Mufcles qui viennent des Tempes. A la partie interne de cette Mâchoire on voit deux grands trous, qui font l'entrée des conduits mentonniers.

Il eft à remarquer que la Mâchoire inférieure eft plus étroite que la supérieure de la largeur des deux rangs des Dents supérieures, puisque la ligne externe, qui passeroit sur le bord des Dents molaires de la Mâchoire inférieure de chaque côté, vient frapper précisément contre la ligne interne des supérieures : la raison en est, que celles-ci sont destinées à broyer les alimens ; c'est pourquoi il n'en est pas de même des antérieures, qui servant à trancher, sont posées juste l'une sur l'autre, comme des Forces. Cette Mâchoire est la seule mobile.

Des Os du Col ou Vertébres.

L'on appelle *Vertébres* tous les Os, qui depuis la Nuque, forment une espéce de chaîne jusqu'au bout de la Queue.

Le Col en a sept ; la premiere s'appelle *Atlas*, en mémoire, sans doute, de ce fameux Héros, que l'Histoire antique nous assûre avoir porté le globe de l'Univers. Cette Vertébre est composée de sept Apophises, quatre antérieures ou supérieures, qui forment une cavité Ovalaire, où la tête s'articule par un genou, ayant mouvement libre en tous sens, limité pourtant par ces mêmes Apophises, pour ne point comprimer la moëlle allongée qui passe par un large trou, qui se trouve au fond de cette cavité ; deux Apophises latérales, qui ressemblent assez à des oreilles de Chien, sur tout par la partie supérieure ; & une autre inférieure ou nazale, parce qu'elle ressemble parfaitement à un bout de nez.

La deuxiéme Vertébre s'appelle

le Pivot, parce que cette premiere, qui est assez fortement serrée contre la Tête, tourne dessus comme sur un pivot : elle a aussi sept Apophises, dont la premiere s'appelle *Odontoïde*, parce qu'elle ressemble à une Dent : elle sert de pivot à la Tête par le moyen de la premiere Vertébre, qui tourne sur celle-ci à droite & à gauche : deux larges Têtes se trouvent au côté de celle-ci, que l'on appelle *Condiles* ; deux latérales ou épineuses ; la nazale qui est beaucoup plus grande que celle de la premiere Vertébre, & la postérieure ou stomacale, parce qu'elle représente d'un certain sens très-parfaitement un estomac de volaille, dont on a levé les aîles & les cuisses.

Cette Vertébre, aussi-bien que toutes les autres jusqu'au bassin, sont percées d'un canal pour le passage de la moëlle allongée. Sous la base de l'Apophise nazale, est une large cavité ronde, où roule une Tête parfaitement ronde de la troisiéme Vertébre; ainsi cette Vertébre s'articule avec la premiere par charniere, & avec la troisiéme par genou, aussi-bien que toutes les suivantes qui s'articulent par genou.

Les cinq autres ont chacune une tête & une cavité ronde, par lesquelles elles s'articulent ensemble par genou.

Pour achever l'Avant-main, il nous reste à parler des extrémités antérieures, que nous pourrons subdiviser en cinq parties; sçavoir, l'Epaule, le Bras, le Genou, le Canon, & le Pied.

L'Epaule est composée de deux Os. Le premier s'appelle *l'Omo-*

plate, les Bouchers l'appellent *Palleron*, prétendant, parce qu'il est plat, qu'il a la figure d'une Pelle. Le deuxiéme est l'*Humerus*, ou proprement *l'Os de l'Epaule*.

L'Omoplate est un Os triangulaire d'environ un pied de longueur, assez plat dans toute son étendue, un peu concave du côté qui est appuyé sur les Côtes, & convexe de l'autre côté. Sur le côté convexe, est une saillie ou Apophise longue, que l'on appelle l'*Epine*. Cette Epine, qui sépare les deux côtés les plus longs de ce triangle, vient finir avec eux à une espéce de tête ronde creusée sphériquement pour recevoir la tête de l'Humerus.

L'Humerus est un Os plus court que le précédent, mais plus fort, plus gros, & un peu contourné en S. Cet Os est creux & contient beaucoup de moëlle; il s'articule avec le précédent par genou, & sert à faire le mouvement que l'on appelle *Chevaler*, dans les Chevaux. Cet Os a vers le milieu de sa longueur une saillie éminente, ronde, convexe d'un côté, & concave de l'autre, qui donne attache à des muscles: l'autre extrémité finit par deux têtes ou condiles séparés à la partie postérieure par une scissure ou rênure destinée à recevoir une saillie de l'Os du Coude avec lequel celui-ci s'articule par charniere.

Le Bras fait la deuxiéme partie: il est composé de deux Os qui sont comme soudés ensemble; le plus gros est le rayon, & l'autre qui forme une espéce de talon, est ce que nous avons appellé le *Coude* ou *Cubitus*.

Le Genou est la troisiéme partie : il est composé de sept Os, qui forment une masse osseuse retenue par plusieurs ligamens : cette multiplicité d'Os, rend cette articulation beaucoup plus souple. Il seroit trop long pour cet Ouvrage, d'en donner ici la description : nous dirons seulement que toute cette masse s'articule avec le Bras & avec le Canon par charniere, quoique ce soit le Genou.

La quatriéme partie est le Canon, qui est un Os plus court que le rayon, mais d'une figure à peu-près semblable, sur lequel sont soudés à la partie postérieure & intérieure dans la longueur, aussi deux autres petits Os longs & secs, que nous appellerons *ses Epines*.

La cinquiéme & derniere partie enfin, est le Pied composé de six Os; sçavoir, les deux Os triangulaires, l'Os du Pâturon, celui de la Couronne, le Petit-Pied, & le Sous-Noyau.

Les deux Os triangulaires sont placés directement derriere la jointure du Canon & du Pâturon, & forment le Boulet.

L'Os du Pâturon est un diminutif de l'Os du Canon, & est seul.

Celui de la Couronne est le diminutif du Pâturon.

Le Petit-Pied est un Os triangulaire, arrondi pardevant. La partie supérieure représente l'empeigne d'une mule de Femme, avec un petit bec sur le coup-du-pied; & l'inférieure représente un fer à Cheval. Le Sabot dans lequel est renfermé le petit Pied, est une corne dure par-dessus, plus tendre par-dessous, & sillonnée en dedans comme les feuilles qui font fous la tête d'un Champignon.

Quant au corps entier de toute la Jambe, y compris l'Epaule, il ne s'articule avec aucun Os du Corps, mais il eft attaché vers la partie latérale antérieure de la Poitrine par de forts ligamens, & de forts mufcles.

Article II.

Des Os du Corps.

LE Corps eft compofé de Vertébres, des Côtes, & de l'Os triangulaire, appellé *Sternum* ou *Os de la Poitrine*.

Les Vertébres font des Os d'une forme irréguliere, lefquels contiennent cette chaîne qui commence à la Nuque & finit au bout de la Queue.

Elles ont toutes une faillie épineuse à la partie supérieure, à la différence du Col, les quatre premieres croissent par degré : la quatriéme & cinquiéme sont les plus longues, & forment le Garot ; puis elles vont en diminuant jusqu'à la douziéme : les six suivantes sont égales.

Elles s'articulent ensemble par Genou comme celle du Col, & par un cartilage plus épais.

Sur ces dix-huit Vertébres s'articulent par charniere autant de Côtes de chaque côté : voici de quelle façon.

Chaque Côte a deux têtes, une ronde, & une plate & lisse ; la ronde s'articule dans une cavité Sphérique, qui est pratiqué dans la partie postérieure & inférieure de la Vertébre, qui est la plus proche du Col, & elle s'articule sur la suivante, qui est du côté de la Croupe, par sa tête plate, qui fait un double jeu nécessaire pour le mouvement de la Poitrine : ainsi il y a dans cette articulation charniere & genou.

A l'extrémité de chacune des Côtes, se trouve un cartilage fort, & cependant un peu souple, lequel se confond avec les extrémités cartilagineuses d'un Os ou de plusieurs Os, qui avec l'âge, s'ossifient en un, que l'on appelle *Sternum* ou *Triangulaire*, parce qu'étant détaché de la partie osseuse des Côtes, il représente une échelle triangulaire qui n'auroit qu'un montant, lequel seroit dans le milieu.

Il n'y a que les neuf premieres Côtes qui s'articulent immédiatement avec cet Os, les autres se joignent au cartilage de la neuviéme par de longues expansions cartilagineuses couchées les unes sur les autres.

L'Os de la Poitrine appellé *Sternum*, est le point de réunion de toutes les Côtes à leur partie inférieure. Cet Os finit vers le ventre par un cartilage pointu comme l'extrémité d'un poignard ; ce qui lui a fait donner le nom de *Xiphoide*, du mot Grec ξίφος, épée.

Après les dix-huit Vertébres qui soutiennent les Côtes, s'en trouvent six autres, que l'on nomme *Lombaires* des *Lombes* ou *Rognons*. Ces six Vertébres sont assez semblables entr'elles, mais figurées différemment de celles du coffre ; on les distingue de toutes les autres, parce qu'elles n'ont que trois saillies grandes, larges & plates, deux latérales, & une supérieure, qui est la plus large & la plus courte. Le corps des Vertébres est percé comme toutes les précédentes, pour le passage de la moëlle allongée : elles s'articulent aussi par genou ; mais il arrive quelquefois par maladie, qu'elles s'ossifient plusieurs ensemble.

Article III.

Des Os de l'Arriere-main.

Les Os de l'Arriere-main comprennent l'Os *Sacrum*, les Os des Iles ou des Hanches, les Cuisses, le Jarrêt, les Jambes de derriere, la Queue.

L'Os *Sacrum* est un Os triangulaire un peu recourbé par la pointe, & un peu concave par sa partie inférieure ou interne, convexe par sa partie extérieure. Cer

Os est une suite de cinq Vertébres ossifiées ensemble naturellement dès la plus tendre jeunesse de l'Animal. Ces cinq Vertébres se distinguent encore dans l'adulte, (qui est pour le Cheval l'âge de quatre ou cinq ans,) par les Apophises épineuses ou supérieures, qui sont parfaitement conservées : la premiere même de ces Vertébres conserve aussi les deux Apophises latérales, & les a beaucoup plus fortes que les précédentes. Ces Apophises ont un côté grenu, par lequel elles s'articulent par future avec les bords internes de l'Os des Iles à la faveur d'une lame cartilagineuse qui en fait le ciment, & s'efface avec le tems.

Cet Os est percé d'un canal dans sa longueur pour le passage de la moëlle allongée, à la par-

III. Partie. D

tie interne : il y a quatre trous de chaque côté & deux échancrures, une en haut & une en bas de chaque côté, pour la sortie des Nerfs Sciatiques, qui font les Nerfs de la Cuisse.

A l'extrémité de cet Os commence la Queue, dont les deux ou trois premiers nœuds font percés encore pour le passage de la moëlle : les suivans ne le sont plus, & sont colés les uns aux autres par des cartilages fort gluans ; les filamens de Nerfs se répandent, & parviennent ainsi jusqu'à l'extrémité de la Queue. Ces Os sont au nombre de dix-sept.

Reste présentement à expliquer les Os des Iles, de la Cuisse & des Jambes de derriere.

Les Os des Iles sont deux, un de chaque côté, qui se joignent dans le Quadrupéde à la partie inférieure, où naissent les parties génitales dans les Mâles, par une Suture que l'on nomme *Pubis*.

Chacun de ces Os est subdivisé en trois par les Anatomistes, l'*Iléon*, l'*Ischion*, & le *Pubis*.

L'*Iléon* est la partie supérieure, large & évasée comme une palette, qui s'articule par Suture avec l'Os Sacrum.

Le *Pubis*, est celle qui s'articule par la Suture, qui joint les deux Os du côté droit & du gauche.

L'*Ischion*, est cette pointe postérieure excédente, qui vient se terminer dans le milieu de cette grande cavité ronde, que l'on nomme *Cotiloïde*, par la ressemblance qu'elle a à une écuelle.

Les traces de cette réunion s'effacent dans un âge si peu avancé, qu'il n'en reste dans l'adulte aucun vestige. De chaque côté de la Suture du Pubis, se trouve un large trou, appellé de sa figure ovale, *Ovalaire*. Il n'a d'autre usage que de rendre cet Os plus léger.

Dans cette cavité cotiloïde, est une grosse tête ronde d'un Os fort gros & assez long, creux & plein de moëlle. Cet Os s'appelle *le Femur*. On remarque dans cet Os quatre principales éminences ou Apophises. Les deux supérieures, qui ne forment qu'une seule masse fourchue, se nomment *le grand Trocanter* : c'est la pareille éminence, qui dans l'Homme soutient la culotte. La troisiéme éminence, qui se trouve au-dessus, s'appelle *le petit Trocanter* : la quatriéme est opposée à celle-ci, &

à la partie interne, nous la nommerons *Apophife interieure*. Au bas de cet Os à la partie latérale externe, eſt une foſſe profonde à loger une noix. Toutes ces Apophiſes & cavités, donnent attache à des Muſcles ou Tendons.

L'extrémité de cet Os ſe termine par deux forts Condiles, ſéparés l'un de l'autre par de larges ſillons, où ſont attachés de courts & forts ligamens, qu'on nomme *Croiſez*.

Cet Os s'articule avec le ſuivant par charniere; cette articulation eſt ce que nous avons nommé ailleurs *le Graſſet*; & cette jointure eſt recouverte par un Os, que l'on nomme *la Rotule* ou *l'Os carré*.

Nous avons appellé l'Os qui joint celui-ci, *l'Os de la Cuiſſe*. Cet Os reſſemble à un Priſme triangulaire; il est creux & plein de moëlle, sa tête supérieure est une Epiphise fort inégale; il finit par en bas par trois éminences, qui forment deux cavités semi-circulaires fort lisses; c'est pour former une charniere avec un Os qui est dessous, que l'on nomme *la Poulie*, parce qu'il ressemble assez par devant à cette machine.

Derriere la poulie est un Os que nous avons nommé *la Pointe du Jarret*.

Sous ces deux s'en trouvent quatre autres petits, qui sont *les Osselets*.

Sous ceux-ci, le Canon, qui est un peu plus long qu'à la Jambe antérieure. Les autres sont semblables à ceux des Jambes de devant.

Tous ces Os sont recouverts d'une membrane toute nerveuse

fort tendue, & par conséquent très-sensible, que l'on nomme *le Perioste* : c'est cette membrane qui fait ressentir une douleur si aigue, quand on reçoit un coup sur un Os.

Le périoste du Crâne a seul un nom particulier, & est formé par l'expansion de plusieurs filets nerveux & membraneux, qui se détachant de la dure-mere au travers des Sutures, vient par leur nouvelle réunion en une seule membrane, former cette enveloppe autour des Os de la Tête, & se nomme *Péricrâne*.

CHAPITRE II.

Des Maladies du Cheval.

ARTICLE PREMIER.

Des Maladies de l'Avant-main.

DU MAL DE TESTE.

LORSQU'ON voit un Cheval tourmenté par des douleurs dont la cause est inconnue, on donne ordinairement à cette Maladie le nom de *mal de Tête*, qui n'est souvent que le Symptome d'une autre, comme du Feu, dont il semble être le caractére particulier, & de plusieurs autres.

Du Feu.

Dans le Feu, le Cheval ne peut fianter; il a la Bouche brûlante, la Tête lourde, pesante & abrutie; il la laisse aller dans la mangeoire; le poil & le crin lui tombent; & il perd l'appetit: on nomme aussi ce mal de Feu, *Mal d'Espagne*. Il est vraisemblable que ce mal n'est autre que la fiévre ardente & continue.

Le premier & le plus essentiel de tous les remédes, est de saigner promptement le Cheval, pour dégorger les vaisseaux de la Tête, qui sont embarrassés, non pas abondamment, parce que dans cette maladie, le Cheval tombe souvent en foiblesse pendant la saignée; mais on y supplée en réitérant fréquemment cette opération, car elle est absolument nécessaire.

Cinq ou six heures après la saignée, donnez au Cheval un lavement émolliant, composé comme il va être dit : & continuez d'en donner un ou deux par jour.

Le lendemain de la saignée, donnez-lui une prise de poudre cordiale, que l'on préparera de la manière suivante.

Prenez baies de Laurier, Réguelisse, Gentiane, Aristoloche ronde, Mirte, raclure de Corne de Cerf de chaque quatre onces; semences d'Orties, quatre onces & demie; Hissope, Agaric, Rubarbe, Cloux de Gerofle, Noix-muscade, de chaque une once; pulvérisez le tout, & le passez au travers d'un tamis fin, & le gardez pour le besoin. La dose pour une prise est de deux onces infusées à froid pendant douze heures (quand on en a le tems) dans une pinte de vin blanc, que vous faites avaler au Cheval avec la Corne : il faut, s'il est possible, qu'il ait été bridé quatre heures auparavant, & qu'il le soit quatre heures après.

Comme cette maladie est proprement une fiévre maligne, & qu'il y a un grand feu dans le Corps du Cheval, ce qui en fait donner le nom à la maladie, il faut tâcher de rafraîchir les entrailles le plus qu'il est possible; c'est pourquoi il faut lui donner matin & soir un lavement, & lui faire manger, en le débridant, du son mouillé d'eau chaude, & le faire boire à l'eau blanche & chaude, en cas qu'il en veuille boire; car il est des Chevaux qui périroient plûtôt de soif, que de boire ni eau blanche, ni eau chaude : en ce cas on la donne la moins froide que faire se peut.

Avant de donner un lavement au Cheval, il faut avoir la précaution de le vuider ou déboucher (vous en trouverez la méthode au Traité des Opérations), afin que le reméde puisse pénétrer dans les entrailles, & amollir les matiéres qui y sont endurcies.

Pour faire un lavement émolliant, prenez un picotin de Son de Froment, & le faites bouillir dans deux pintes d'eau avec une livre de Miel commun, & deux onces de beurre frais, & y ajoûtez, après avoir passé la décoction, un poisson de Vinaigre commun. Le lendemain réïtérez la prise de Poudre cordiale, & continuez le même régime.

Comme il n'est pas aisé d'avoir ces Poudres Cordiales partout, ni dans le moment, on pourra user des remédes suivans.

Mêlez ensemble Thériaque, deux onces pour un Cheval de Selle, & trois onces pour un Cheval de Carosse; Miel de Narbonne, & Sucre en poudre, de chaque un quarteron, que vous ferez avaler au Cheval dans trois demi-septiers de Vin blanc mêlés ensemble.

Ou bien Eau de Plantin & de Chicorée Sauvage, de chaque une chopine; Sirop Violat, deux onces pour un breuvage, que vous ferez prendre au Cheval trois heures après la saignée, au défaut des Poudres Cordiales, observant le même régime, & ayant soin de le bien couvrir & de le tenir chaudement.

Ou bien vous mettrez, Beaume de Copahu, une once; Sirop Rosat, deux onces; Contrayerva en poudre fine, deux gros, dans Eaux de Scorsonere, de Scabieuse, de Chardon bénit, & de Rose, de chaque six onces.

Ou bien encore ; Eaux de Scabieuse, de Scorsonere, de Chardon béni, de Plantin & Eau-Rose, de chaque quatre onces; Safran du Levant, deux scrupules, Rubarbe, un gros, pour un Breuvage; que vous réitérerez le lendemain, s'il en est besoin, aussi-bien que le précédent.

Le Jus de Jombarde est encore excellent pour cette maladie; (c'est une plante qui a la figure d'un Artichaut, & qui croît sur les murailles) on en donne deux fois par jour la quantité d'une chopine à chaque prise, pendant quatre à cinq jours.

Voici un autre procédé, que l'on dit être très-efficace. Frottez le Cheval par tout le Corps avec du Vin rouge & de l'Huile d'Olive chauffés ensemble : liez le Cheval la Tête basse, couvrez-la, & même tout le Corps d'une bonne couverture ; faites rougir deux ou trois pierres assez grosses ; versez dessus de l'Huile d'Olive, de façon qu'il en reçoive toute la vapeur par dessous la couverture, & particulierement par les Nazeaux : réitérez cette fumigation trois fois par jour pendant deux ou trois jours, & après la premiere fumigation, faites-lui avaler trois demi-septiers de Sang tout chaud d'un Mouton ou d'une Brebis, avec chopine de Lait de Vache tout chaud, & autant de bonne Huile d'Olive.

Ce dernier Reméde a encore plus d'efficace dans une espéce de maladie de Feu, à laquelle on a donné le nom de *Mal de Tête de Contagion.*

Si au bout de quatre ou cinq jours la fiévre ne se modére pas, vous ferez un Breuvage avec deux onces de Kinkina en poudre, que vous ferez infuser dans une chopine de Vin Emétique, & autant d'Eau commune où l'on aura fait fondre demi-once de Cristal Minéral. On réitérera ce reméde trois ou quatre jours de suite, & on essaiera l'appetit du Cheval en lui présentant de la nourriture. Si l'appetit paroît revenu, c'est un bon augure. En prenant ce Reméde, il faut le tenir quatre heures devant, & autant après au filet.

Mal de Tête de Contagion.

C'est une maladie Epidémique & Contagieuse ; la Tête du Cheval devient extrêmement grosse ; les Yeux sont enflammés, & larmoient perpétuellement. Il coule par les Nazeaux une matiere jaune & pourrie, dont l'attouchement feroit capable de gâter tous les Chevaux d'une Ecurie. C'est pourquoi on le sépare d'abord des autres, de peur qu'elle ne se communique. Au reste cette maladie, quoique dangereuse, est plûtôt terminée (en bien ou en mal) que la Gourme, la fausse Gourme & la Morfondure, &c. avec lesquelles elle a quelque ressemblance ; l'écoulement des matieres provenant des glandes qui se grossissent sous la Ganache, &

de la supuration qui s'ensuit, en fait la guérison. La couleur jaune des matiéres qui sortent par les Nazeaux, distingue cette maladie de l'Etranguillon, où les matiéres sont vertes. Il faut d'abord ôter l'Avoine au Cheval malade, lui donner très-peu de Foin, & le nourrir de Son; on le fera boire à l'Eau blanche, & on lui fera un Billot avec Racine d'Angélique, & de Gentiane en poudre, de chaque demi-once; Poudre de Réguelisse & *assa fœtida*, de chaque une once, que l'on incorporera avec un quarteron de Beurre frais : on continuera l'usage de ce Billot tous les jours ; & de deux jours l'un on lui donnera le Breuvage suivant : Un gros de Safran; Agaric, Rubarbe, Oliban, Gentiane, Racine d'Angélique, Cristal Minéral, de chaque demi-once; le tout en poudre, délayé dans cinq demi-septiers de Vin, ayant soin qu'il n'ait rien pris vingt-quatre heures auparavant; & on donnera le soir un lavement émolliant. On parfumera deux fois par jour le Cheval avec la fumée de cette corne tendre qui vient aux Jarrets, qu'on appelle vulgairement *Châteignes*; on en coupera par préférence à un Cheval entier, & on la mettra hachée bien menue sur un réchaud, & on en fera recevoir la fumée par le même moyen que dans la précédente fumigation, ou par le moyen d'un sac percé par les deux bouts, en nouant l'Orifice supérieur autour du Col du Cheval. Il faudra aussi prendre deux plumes d'Oye avec leurs barbes, les frotter avec de l'Huile de Laurier, attacher le bout du côté du tuyau avec une petite corde, en faisant entrer les plumes par la barbe dans le Nez, une à chaque Narine, de toute leur longueur, les lier avec cette petite corde à la Muserole du licol, attacher le Cheval de façon, que la matiere ne tombe pas dans la mangeoire, & faire cela trois ou quatre fois par jour, une demi-heure à chaque fois. Il ne faudra pas négliger de frotter aussi deux fois par jour les racines des Oreilles, & les parties postérieures de la Mâchoire jusques dessous de la Ganache, avec un mélange d'égales parties d'Huile de Laurier & d'Onguent d'Altheâ, enveloppant la Tête avec une peau d'Agneau ou de Liévre ; parce qu'il faut dans cette maladie faire aboutir cette enflure en matiére ; & si elle peut percer d'elle-même, le Cheval en sera plûtôt guéri. Si le mélange que l'on vient de prescrire n'avance pas assez la supuration, il faut faire cuire de gros Oignons de Lys dans la braise, les appliquer le plus chaudement que le Cheval pourra le souffrir, avec ledit Onguent & de la filasse pardessus, que l'on fera tenir avec un bandeau, ou une peau d'Agneau ou de Liévre, pour que cette partie soit plus chaudement; & si l'aposthume ne perce pas au bout de sept à huit jours, il faudra le percer avec un fer rouge, de la grosseur du bout du doigt; la matiére en sortira, & si elle sort abondamment, on y introduira tous les jours une tente de filasse, frottée avec de l'Onguent Basilicum, jusqu'à ce qu'il ne sorte plus de matiére ni de sang, continuant toujours à tenir la playe bien chaudement. S'il n'étoit point forti de fang de cet Abcès, il feroit prefque inutile de rien mettre dans la playe, on le frottera feulement avec l'Onguent ci-deffus.

Du mal des Yeux; de la Fluxion, & du Coup fur l'Oeil.

Le mal des Yeux fe manifefte par une grande fenfibilité, rougeur, chaleur, & tenfion, que le Cheval reffent dans cette partie. Les Paupiéres font épaiffes & enflées; couvrent prefque la Prunelle, qui paroît enflammée lorfqu'on les fépare; & il fort de l'eau des deux angles de l'Œil, qui eft toujours humide. On appelle ce mal d'un nom général *Fluxion*, parce que cette partie ne s'enfle que par l'amas &

l'engorgement des humeurs, qui viennent s'y rendre en affluence, & n'en sortent pas de même. Cette Fluxion peut venir de cause interne, aussi-bien que de cause externe. On les distingue l'une de l'autre, en ce que celle qui vient de cause externe, comme de Chûte, Contusion, Coup, ou Blessure, fait en peu d'heures un progrès infini; & celle qui vient de causes internes, comme d'acreté dans les humeurs, ou d'une trop grande abondance de sang, ne croît qu'en plusieurs heures.

A moins que la meurtrissure ne soit violente ou compliquée, c'est-à-dire, avec fracture de quelque Os voisin, cette Fluxion guérit aisément & promptement, en y appliquant les remédes convenables. Il n'en est pas de même de celle qui vient de cause interne.

La cause, en étant plus cachée, rend la guérison de ce mal plus longue & plus difficile ; c'est pourquoi il est à propos, autant qu'il est possible, de se faire instruire par les personnes qui n'ont pas quitté de vûe le Cheval, dès avant les commencemens de son mal ; de l'occasion qui l'a fait naître ; des progrès qu'il a faits ; & si cette Fluxion n'est pas périodique, ce qu'on appelle *Lunatique*, on ne risque point de le saigner au Col, surtout si le mal vient de causes externes, & si la Contusion a été violente ; & on lui bassinera l'Œil avec une des Eaux suivantes.

Prenez Iris de Florence, en poudre fine ; Sucre Candi, Eau-de-Vie, & de la Reine d'Hongrie, de chaque quatre cuillerées ; Vitriol blanc, deux gros ; mêlez le tout

tout dans quatre pintes d'eau de Fontaine, lavez l'Œil avec une éponge, de trois heures en trois heures, jusqu'à ce que vous voyiez un amandement; puis continuez de six heures en six heures si le mal diminue. La suivante est plus simple.

Une cuillerée de Poudre de la Racine d'Iris de Florence, & autant de Sucre Candi dans une pinte d'eau. La suivante est préférable, quand on a la commodité de l'avoir, ayant été long-tems éprouvée avec succès.

Prenez pierre Calaminaire rouge, Tuthie, Couperose blanche & Sucre Candi, de chaque demigros en poudre fine; coupez un Œuf dur tranversalement, ôtez le jaune, mettez vos Poudres à la place, enveloppez votre Œuf rejoint dans un linge que vous mettrez infuser dans trois onces d'Eau de Plantin, & autant d'Eau-Rose; exprimez ensuite l'Œuf & le linge fortement, & vous servez de cette Eau, ou la gardez pour le besoin.

De toutes les Fluxions provenant de cause interne, la plus dangereuse, la plus difficile à guérir, & qui dépare le plus un Cheval, est une espéce de Fluxion habituelle, sujette à revenir régulierement de tems à autre, & qui donne au Cheval le nom de *Lunatique*.

Du Cheval Lunatique.

L'on appelle un Cheval Lunatique, celui qui est sujet à une Fluxion sur un ou sur les deux Yeux, dont le retour périodique au bout d'un ou plusieurs mois lui obscurcit tellement la vûe, qu'il n'en voit aucunement pendant des jours entiers. La Fluxion passée, l'Œil redevient beau, & il paroît en voir aussi clair qu'auparavant.

Les accès de ce mal, paroissant avoir un cours à peu-près aussi réglé que celui de la Lune, auront, sans doute, donné lieu de croire qu'elle pouvoit y contribuer par ses prétendues influences. Cette maladie provient de l'abondance d'une humeur, laquelle n'acheve sa circulation & sa dépuration qu'au bout du terme limité de trente jours, de soixante ou quatre-vingt-dix. Elle se distingue de la Fluxion ordinaire, en ce que dans la périodique on remarque au-dessous de la Prunelle une espéce de couleur de feuille morte. Du reste, au retour périodique près, les accidens font les mêmes, inflammation à l'Œil ou chaleur, enflure, obscurcissement sur la vûe, abondance de larmes, taches jaunes, blanches & rouges, &c.

Quoique ce mal paroisse affecté aux Têtes grasses, à cause de la grande humidité qui y abonde ; les Têtes maigres & séches ne laissent pas d'y être aussi sujettes, parce que le desséchement de cette partie produit quelquefois le même effet. L'Œil manquant de nourriture, le Cheval perd enfin l'usage de la vûe.

Cette espéce de Fluxion est d'autant plus dangereuse, que certainement elle fait perdre la vûe au Cheval en très-peu de tems, soit qu'elle vienne tous les mois, ou tous les deux ou trois mois ; car on remarque qu'au plûtard au huitiéme ou neuviéme retour périodique, le Cheval en perd entiérement la vûe. A moins que l'on ne reconnoisse cette maladie dans son commencement, il est inutile d'y tenter aucun reméde; parce qu'ils sont ordinairement inutiles, & que l'on perd en vain son tems & les remédes sans soulager le Cheval.

Dans cette espéce de Fluxion, on ne doit point saigner les Chevaux; mais on peut bien les purger. On ne le doit cependant pas faire d'abord, mais il faut pendant quatre ou cinq jours donner deux lavemens par jour au Cheval, puis passer à la purgation, & lui laver les Yeux avec l'Eau décrite au Chapitre précédent. Quelques-uns lui barrent la Veine du Larmier, quand la Fluxion est passée, & le dénervent au bout du Nez. Voyez la maniere d'y procéder aux opérations de Chirurgie.

Il est bon d'observer que quelques personnes prétendent, que rien ne rend les Chevaux plus sujets à ces sortes de Fluxions, que de leur donner du Grain ou de l'Avoine de trop bonne heure, comme font quelques-uns qui en donnent anx jeunes Chevaux dès l'âge d'un an; non que cette nourriture ne soit bonne, mais il faut faire moudre le Grain, parce que les Mâchoires trop foibles à cet âge, se fatiguent trop sans cette précaution.

Du Dragon.

LE Dragon est une tache blanche, rousse ou noire, qui vient au milieu de l'Œil; & qui s'étend insensiblement, & couvre enfin toute la Prunelle. Cette tache a quelquefois la figure d'un petit Ver ou Serpent tortueux, qui lui a fait donner le nom de *Dragon*. Un coup peut en être l'occasion ; ce mal peut aussi venir de cause interne ; mais de quelque cause qu'il vienne, comme ce mal demanderoit plûtôt une opération, qui n'est pas aisée à faire à un Cheval, qu'une simple application de remédes extérieurs, qui ne peuvent agir sur le mal même, & que les Chevaux ne sont pas des Animaux patiens & tranquilles ; on regarde ce mal comme incurable.

De la Taie.

La *Taie* ou *Cataracte* vient de l'épaississement des liqueurs qui circulent dans le Cryſtallin ou dans la Membrane qui l'enveloppe, ou la formation d'une nouvelle Membrane, qui vient ſe jetter comme une toile à travers au-devant de la Prunelle, & obſcurcit par conſéquent, & même fait perdre la vûe. Il y a peu de guériſon à eſpérer, par les mêmes raiſons qu'au Dragon. Cependant quand on s'en apperçoit dans ſon commencement, il n'y a aucun danger de barrer la Veine, & de faire les autres remédes; mais ſi c'étoit ſimplement dans la cornée que fût l'épaiſſiſſement, ou dans l'humeur acqueuſe, comme il arrive à quelques vûes graſſes, on prend du Sel Marin, que l'on enferme dans un morceau de bois d'Aune, creuſé exprès & rebouché; on calcine le tout; & quand le bois eſt en charbon,

bon, on le retire, & on sépare adroitement le Sel que l'on met en poudre; & avec le pouce on en introduit dans l'Œil. Quand le mal est extérieur, il n'y a point de vûe que ce reméde ne nettoye; mais si le mal est profond, il ne peut l'emporter.

De l'Onglet ou *Onglée.*

C'est une excroissance qui vient dans le coin de l'Œil, & couvre une partie de la Prunelle. Quoique cette incommodité ne paroisse pas dangereuse, si l'on n'y apportoit reméde d'abord, elle couvriroit tout-à fait l'Œil, & feroit perdre la vûe au Cheval. Pour y remédier, il faut faire l'opération que l'on trouvera au Chapitre des Opérations.

III. Part. G

De l'Etranguillon ou Esquinancie.

CETTE maladie est une inflammation des Glandes Maxillaires, situées dans le creux formé par les deux côtés de la Ganache. Par la proximité, cette inflammation se communique aux Glandes voisines, qui se trouvent à la base de l'Os Hyoïde, (c'est l'Os du Gosier) & même aux Muscles qui environnent cette partie, & aux Glandes parotides, qui sont celles qui se gonflent dans le mal qu'on nomme *Avives* : en se gonflant elles compriment les Veines jugulaires, & font périr le Cheval en très-peu de tems d'une espéce d'appopléxie, s'il n'est promptement secouru. Ce gonflement est si considérable qu'il cause des douleurs très-vives par le danger continuel de la sufocation, ce qui oblige le Cheval à se veautrer & à se débattre, comme s'il avoit des tranchées; souvent même ce mal en est accompagné, ausquelles succéde une retention d'Urine. On remarque aussi dans cette maladie, que le Cheval jette une pourriture verte par le Nez, qu'il ne faut pas confondre avec la morve.

Les alimens trop chauds, comme le Grain en trop grande quantité, le froid subit & glaçant d'une eau de puits ou de source, donnée à un Cheval arrivant en sueur, ou la trop grande fraîcheur du lieu où on lui laisse reprendre haleine lorsqu'il est essouflé, pour avoir été surmené, sont les causes les plus fréquentes de cette maladie, qui demande un prompt secours : c'est pourquoi il faut saigner le Cheval aussi-tôt qu'on s'en apperçoit, le vuider, & lui donner un lavement ; réitérer la saignée de quatre heures en quatre heures ; lui mettre du beurre frais dans les Oreilles, & lui étuver la Gorge avec Guimauve, graine de Lin, Aluine, & feuille de Lierre terrestre, de chaque une poignée, bouillie en suffisante quantité d'eau de Riviere.

Il faut réitérer ces fomentations le plus souvent que l'on pourra ; au moins cinq ou six fois le jour ; & après chaque fomentation, frotter la Gorge avec Populeum, Beurre frais & Huile de Laurier fondus ensemble, & tenir la Gorge bien enveloppée avec une peau de Mouton. On peut aussi lui passer dans la Gorge, par dedans, un Nerf de Bœuf bien souple & uni, avec lequel on portera du Miel Rosat dans le Gozier, en l'introduisant doucement, & le retirant de même, deux ou trois fois, pour le nettoyer.

Il faut le mettre au Son, & le faire boire à l'eau blanche, ayant soin de bien battre le Son de Froment dans l'eau, & lui donner très-peu de Foin.

Lorsque le mal est si violent, que non seulement le Cheval en perd l'appetit, mais même qu'il lui est impossible à cause de l'inflammation de pouvoir mâcher ni avaler; il faut lui faire une Bouillie avec des Biscuits secs ou des croûtes de Pain, que l'on broyera dans un mortier, & que l'on fera bouillir dans trois pintes de bonne Bierre, ou dans une quantité suffisante de Lait, & que l'on fera prendre avec la corne.

Ordinairement le Cheval est hors de danger, quand il a passé dix à douze jours sans mourir.

Des Avives.

Les Avives sont une inflammation prompte & soudaine des Glandes parotides. Ces glandes sont situées au-dessous de la base de l'Oreille, en descendant vers le coin de la Ganache. Le Cheval fait bientôt connoître qu'il en est incommodé par les violentes douleurs qu'il ressent, tant dans cette partie, que dans le Ventre, parce que ce mal est toujours accompagné de tranchées, & les tranchées de rétention d'Urine, ce qui oblige le Cheval à se tourmenter, & à se débattre vivement. La réunion de ces deux accidens fait connoître que le mal principal est les Avives ; car il y a des tranchées sans Avives, mais rarement des Avives sans tranchées. Aussi le Cheval porte-t-il souvent la Tête du côté des Flancs à droite & à gauche, comme s'il vouloit montrer l'endroit où il sent le plus de mal : il se couche & se reléve souvent, & ne peut uriner. Il faut lui mettre de la paille fraîche sous le Ventre pour le faire uriner, s'il est possible : on tâchera aussi d'introduire dans le canal de la Verge, un Poux vivant, ou quelques morceaux de gros Poivre-concassé ; ensuite on lui fera introduire dans le Fondement le bras d'un homme graissé d'Huile de Noix ; on fera presser la Vessie, & on frottera le foureau avec la même Huile. Il faut le tenir chaudement ; & fi l'on étoit dans un lieu où il y eût une Bergerie remplie de Moutons, on y enfermera le Cheval.

Il faudra enfuite faigner le Cheval au Col, puis peu de tems après fous la Langue ; & dans l'intervalle lui donner trois quarterons d'Huile d'Amandes douces avec demi-feptier d'Eau-de-Vie (pour un petit Cheval) ou chopine (pour un Cheval de Caroffe,) puis faifir entre les doigts ces Glandes gorgées, les manier, & écrafer fortement, & les battre avec le manche du Boutoir ou du Brochoir pour les meurtrir ; car c'eft une mauvaife méthode que de les ouvrir. Enfuite vous ferez une pâte avec des feuilles d'Ortie verte, que vous pilerez avec de fort Vinaigre, de laquelle pâte vous remplirez les deux Oreilles du Cheval, de façon qu'elle puisse y rester sept à huit heures. Après ces remédes, on pourra lui donner deux onces de Thériaque, un quarteron de Miel de Narbonne, & un quarteron de Sucre, dans trois demi-septiers de Vin.

Si le Cheval continue d'être tourmenté de tranchées, on le saignera aux Veines du Flanc, & on lui donnera un demi-septier de Vin blanc, autant d'Huile d'Amandes-douces, deux gros de Cristal Minéral, & deux onces de Thérébentine de Venise, avec une demi-once de Poivre long en poudre, le tout mêlé ensemble. On remarque dans le bas de l'Oreille en dedans une enflure, qui forme une espéce de repli. Il faut la percer avec le Bistouri ou la Lancette. Si le mal est récent, il n'en sortira que du sang corrompu ; s'il est ancien, il en sortira du pus.

Comme ce mal fait perdre l'appetit aux Chevaux, si le Cheval restoit plusieurs jours sans manger, il faudroit lui faire avaler quatre jaunes d'Œufs avec une Muscade rapée, & un quarteron de Sucre, dans une pinte de Vin rouge, pour le fortifier & le soutenir ; ou bien lui donner la Bouillie décrite au Chapitre de l'Etranguillon. Pour éviter ce mal, qui est fort dangereux, & n'arrive jamais que par des accidens étrangers au tempérament du Cheval, comme d'avoir bû une eau vive & froide, ou courante, ou tirée d'un puits très-profond, (c'est pourquoi cette maladie est plus commune dans les pays de Montagnes qu'ailleurs ;) il faut avoir soin, si le Cheval n'est pas accoûtumé à la crudité de ces eaux, de la faire chauffer ou de la battre avec la main, ou d'y battre du Son de Froment; ou si l'on n'a pas la commodité de faire aucune de ces choses, de promener le Cheval au pas & au trot après qu'il a bû, pour échauffer l'eau dans son Estomac par cette agitation.

De la Gourme.

CETTE maladie est une dépuration de la Pituite épaisse & visqueuse, provenant de la qualité des nourritures que le Poulain a eues, ou du climat dans lequel il est né. Dans les Pays Méridionaux, où l'air qu'on respire est plus sec, & les Plantes moins chargées de phlegme, les Poulains & les Chevaux sont moins sujets à cette maladie, que dans les Pays qui tirent plus sur le Nord.

Cette dépuration se fait ordinairement par maniere de dépôt sur les Glandes qui sont situées sous la Ganache, lesquelles s'engorgent considérablement, & viennent quelquefois à supuration; quelquefois se dégorgent par les Nazeaux, d'où coule une mucosité fœtide; & quelquefois se dégorgent des deux manieres à la fois, la tumeur qui se forme sous la Ganache se perçant quelquefois d'elle-même.

Il est rare que les jeunes Chevaux échappent cette maladie vers l'âge de trois ou quatre ans dans ce Pays-ci; & les deux manieres dont nous venons de dire que se terminoit cette maladie, sçavoir, par supuration, ou en jettant par les Nazeaux, sont les deux plus favorables: car il arrive quelquefois qu'un Cheval jette sa Gourme en maniere de pus par diverses parties, par une Epaule, par un Jarret, par-dessus le Rognon, par un Avant-cœur, par un Pied, &c.

Aucun âge n'en est cependant excepté ; car il y a des Chevaux qui jettent dès la premiere année, d'autres dès la deuxiéme ou la troisiéme ; mais ceux qui jettent avant la troisiéme, sont sujets à jetter plusieurs fois. Il est pourtant avantageux qu'ils la puissent jetter de bonne heure, & dans les pâtures, parce que l'herbe purge le Cheval, & qu'ayant la Tête baissée, cela facilite l'écoulement des matiéres. Mais comme on n'a point cette commodité dans l'Hyver, il faut tenir le Cheval chaudement dans l'Ecurie, le faire boire à l'eau tiéde & blanche, lui ôter totalement l'Avoine, & ne lui donner que du Son.

La principale vûe que l'on doit avoir dans la cure de cette maladie, est de faire jetter par les Nazeaux, ou de faire supurer la Glande sous la Ganache, autant qu'il est possible.

Quand un Cheval jette imparfaitement, il est rare qu'il porte santé, jusqu'à ce que cette maladie revienne dans un âge plus avancé, à six ou sept, même à dix & douze ans; c'est ce qu'on appelle *Fausse Gourme*.

Pour prévenir cet accident, quand il paroît disposé à jetter, il faut lui faire un Breuvage avec Eau de Scabieuse, Scorsonère, Chardon béni, Rose & Chicorée amére, & Vin blanc, de chaque un demi-septier; y délayer une once de confection Hyacinte, & le lui faire avaler, après l'avoir laissé cinq heures au filet, & l'y laissant autant de tems après; ou bien on lui fait un autre Breüvage, avec la Poudre Cordiale, dont il a été parlé ci-devant.

En le débridant donnez-lui du Son mouillé d'eau chaude, & le faites boire tiéde, & à l'eau blanche.

Donnez-lui matin & soir le lavement émollient, décrit à la maladie du Feu, & lui seringuez plusieurs fois par jour dans les Nazeaux de l'Eau-de-Vie battue avec Huile d'Olive; ou bien enduisez d'huile de Laurier, une plume d'Oye; saupoudrez le tout de Tabac ou de Poivre, & le mettez dans le Nez du Cheval, ayant soin d'attacher ce plumeau au licol avec un fil; mettez le Cheval au Mastigadour pendant deux heures, & réitérez le lendemain. Le troisiéme jour au lieu de Poivre ou de Tabac, usez d'Ellebore en poudre, jusqu'à ce qu'il cesse de jetter. Il est bon encore de lui faire recevoir la fumée de quelques grains de Geniévre, jettés sur un réchaut de feu.

Si la tumeur sous la gorge est si considérable, qu'elle paroisse plûtôt disposée à supurer qu'à se dégorger par les Nazeaux, frottez-la tous les jours avec parties égales d'Huile de Laurier & de Beurre frais, & le double d'Onguent d'Altheâ, mêlés à froid. Tenez le Cheval couvert & chaudement, & enveloppez-lui la Gorge avec une peau de Mouton la laine en dedans, pour achever de digérer

digérer & d'évacuer l'humeur qui cause cette maladie, & dont le moindre reste est un levain qui produit par la suite une fausse Gourme, non moins difficile à guérir que la Gourme simple.

Si la tumeur ne paroît pas disposée à bien supurer, prenez un verre d'Huile d'Olive commune, deux onces d'Huile de Laurier, deux onces de Beurre frais, & la grosseur d'une petite Noix de Poivre, & plein la coquille d'un Œuf de Vinaigre. Faites fondre le Beurre avec les Huiles; quand le tout est fondu, jettez le Poivre, &c. & faites avaler le tout tiéde par les Nazeaux au Cheval. Ce reméde peut causer des battemens de Flanc, mais qui se dissipent au moyen de lavemens émollients, que l'on réitérera deux fois par jour : ce reméde est si efficace, qu'il guériroit une Morve commençante, c'est pourquoi on le donne dans la Gourme ou fausse Gourme, quand on a le moindre soupçon de Morve : on peut réitérer ce reméde jusqu'à quatre fois, laissant quatre jours d'intervalle entre chaque prise.

Quand un Cheval jette beaucoup, & qu'à cela près il boit & mange bien, & que l'on soupçonne la Morve, donnez-lui cinq à six fois de cinq en cinq jours, deux onces d'Huile d'Aspic pure.

Pour faire jetter facilement, & en peu de jours, un Cheval, qui a peine à jetter par les Nazeaux, soit dans la Gourme, soit dans la fausse-Gourme, on lui fait prendre dans son ordinaire, composé de Son, matin & soir, une bonne pincée d'une Poudre composée de parties égales de graine de Paradis, graine de Laurier, Soulfre vif; le tout pulvérisé ensemble, & passé dans un tamis. Il faut observer que plus la tumeur sous la Ganache est grosse, moins le Cheval est en danger, plûtôt & plus sûrement il guérira. La seule pâture guérit presque tous les Chevaux qui en sont atteints; quoiqu'en Hyver, en apportant la précaution de tenir le Cheval bien enveloppé dans une Ecurie bien chaude, cette maladie n'est pas beaucoup plus dangereuse.

On employe divers mêlanges d'Onguens sur la tumeur.

On peut se servir du suivant : Onguent Rosat, Onguent d'Althéâ, Onguent Populeum, Miel commun, de chaque quatre onces; Onguent Basilicum, huit onces : fondez le tout à petit feu; & après l'avoir retiré de dessus, vous remuerez le mêlange, jufqu'à ce qu'il devienne froid.

Au défaut de ces Onguens, on employera le Cataplafme fuivant: prenez Sauge & Lavande, une poignée de chacune, bien broyées dans un mortier; ajoûtez-y deux poignées de Fleur de Farine; faites bouillir le tout enfemble dans du Vinaigre à difcrétion. Le tout étant bien cuit, vous en appliquerez fur les Glandes qui font fous la Ganache, le plus chaud qu'il fera poffible, deux fois par jour.

Il eft à propos de faire manger par terre tous les Chevaux qui jettent; cette attitude facilite l'écoulement des matiéres par les Narines. Il faut avoir attention de bien faire nettoyer la place où on met leur nourriture, pour qu'ils ne refpirent point de pouffiere. Lorfqu'ils jettent imparfaitement, on les aide par la fumée de ce parfum, ou quelque semblable. Prenez Oliban, Maſtic, Storax Calamite, ſemence d'Ortie, Agaric, Baies de Geniévre & de Laurier, de chaque une once, faites du tout une Poudre, dont on jettera une once ſur un réchaut de feu pour en faire recevoir la fumée au Cheval, après lui avoir mis la Tête dans un ſac ouvert par les deux bouts. On réitére ce reméde tous les jours pendant dix à douze jours.

S'il arrive que le Cheval devienne forbu en jettant la Gourme ; comme on ſaigne rarement dans cette maladie, & qu'il faut le faire dans la forbure : il faut en ce cas faire délayer dans une pinte de Vin blanc un quarteron de matiére fécale, qu'on appelle en langage Chimique, *Soufre Humain,* le faire avaler au Cheval, & le couvrir bien. Ce reméde cause une grande révolution, & peut seul guérir le Cheval de la Gourme, fausse-Gourme, & Forbure sans le saigner.

De la Fausse-Gourme.

CETTE maladie, qui comme nous avons dit, est le reste d'une Gourme jettée imparfaitement, est alors beaucoup plus considérable qu'auparavant, d'autant qu'aux accidens décrits dans la Gourme, se joignent la fiévre, une difficulté de respirer, & de grands battemens de Flancs, par où commence cette maladie, & par où on la distingue de la Morve. Mais le Cheval n'en est pas moins en danger, surtout quand il vient de nouveau à jetter par le Nez; car dans cet âge avancé, la dépuration ne s'y fait plus avec tant d'aisance, & l'on aura beaucoup plus de ressource dans la supuration, en ce que la tumeur, à cet âge, n'est pas toujours sous la Ganache, mais quelquefois à la partie externe de l'Os de la Ganache, au même endroit où viennent les avives.

Quand il n'y a point de tumeur sous la Ganache, le Cheval en est beaucoup plus malade, toute l'humeur étant obligée de sortir par le Nez. L'on observe encore que cette humeur est plus jaune que dans la Gourme, ce qui ne sert pas peu à les distinguer.

Il faut dans cette maladie, user de beaucoup plus de lavemens que dans la précédente, & beaucoup plus long-tems ; ensuite user des Eaux Cordiales ci-devant prescrites, s'il peut lever la Tête; & procurer, s'il se peut, une louable supuration, pour mettre le Cheval en sûreté.

Du Morfondement.

Ce que l'on appelle *Rhûme* dans les Hommes, s'appelle *Morfondement* parmi les Chevaux. Cette maladie a ses accidens tellement semblables aux précédentes, qu'on ne la peut aisément distinguer; car le Cheval paroît triste, & dégouté; tousse; jette aussi par les Nazeaux une pituite âcre, gluante, blanche, ou verte; & a les Glandes engorgées sous la Ganache, aussi-bien que dans les maux dont nous venons de parler. Il s'y joint quelquefois une fiévre assez violente; la respiration s'embarrasse; & il paroît en grand danger de suffoquer.

suffoquer. On la distingue pourtant en ce que le gosier devient dur & sec au toucher. Cette maladie ne laisse pas d'être périlleuse, & quelquefois longue.

Elle peut dégénérer en mal de Cerf, & le Col devient roide & les Dents serrées de façon, qu'il n'est point de force qui puisse ouvrir la bouche du Cheval, comme on le verra, quand nous parlerons du mal de Cerf. Elle peut aussi dégénérer en Morve.

Il faut donc aussi-tôt qu'on s'apperçoit de la tumeur sous la Ganache, la lui frotter avec quelque Onguent qui l'excite à jetter ; en voici un dont on peut se servir avec succès.

Prenez Huile d'Olive, Huile de Laurier, Beurre frais, de chaque une once ; Onguent d'Althéâ, deux onces; mêlez à froid en confiſtence d'Onguent ; s'il y a fiévre, donnez le breuvage décrit à la Gourme, avec les mêmes précautions, & lui donnez en le débridant, du Son mouillé d'eau chaude, & qu'il boive auſſi à l'eau blanche chaude.

Donnez auſſi des lavemens émollients chaque jour, quoique pluſieurs perſonnes, qui ſe mêlent de Chevaux craignent de leur en donner dans le Morfondement ; car l'expérience fait voir qu'ils y font bien : ſervez-vous de la deſcription émolliente donnée à la maladie du Feu.

S'il n'y a point de fiévre, donnez-lui une priſe de la Poudre Cordiale décrite auſſi au Feu.

De la Morve.

On met la Morve à la suite de ces maladies, parce qu'elle leur succéde quelquefois, quand elles ont été négligées ou mal traitées, & que les symptômes en sont fort semblables. Cette maladie a beaucoup de rapport à celle que l'on nomme *Pulmonie* ou *Phtysie* dans les Hommes, car à la Toux près, que les Chevaux n'ont point ordinairement dans ce mal, le siége de cette maladie paroît être un Ulcére dans le Poumon, quoiqu'on trouve dans cette maladie des Ulcéres dans d'autres parties, comme le Foie, la Rate, les Reins.

Cette maladie se reconnoît à un écoulement qui se fait par les Nazeaux, d'une humeur visqueuse, tantôt blanche, tantôt rousse, d'autres fois jaune ou verdâtre : joignez à ce signe, l'engorgement des Glandes sous la Ganache, lesquelles deviennent douloureuses & adhérentes à l'Os. Quand même même elles ne seroient pas adhérentes, si elles sont douloureuses, c'est un grand préjugé de Morve.

On remarque communément que dans la Morve les Chevaux ne jettent que d'un côté, & que dans le Morfondement, ils jettent des deux.

L'on fait encore une épreuve, c'est de mettre la Tête du Cheval sur un sceau plein d'eau claire, & de brouiller l'humeur qui coule par le Nez du Cheval. Si cette mucosité ou Morve se précipite au fond, comptez que c'est du pus; si elle surnage, il y a lieu de croire que ce n'est qu'une lymphe épaissie ; quelquefois même on y remarque quelque trace de sang : auquel signe on compte la maladie pour incurable.

On connoît encore qu'un Cheval est morveux par cette épreuve : on trempe dans de fort Vinaigre, un morceau de linge ou un plumaceau, qu'on lui foure dans les Nazeaux ; s'il s'ébroue, il n'est point morveux, du moins confirmé ; car il ne pourroit faire un mouvement si violent, s'il y avoit Ulcére dans les Nazeaux : s'il ne s'ébroue point, par conséquent on le soupçonne morveux.

Cette maladie est très-dangereuse dans une Ecurie, & se communique aisément, même par l'air que les Chevaux respirent. Ainsi la premiere chose que l'on doit faire, est de séparer des autres, un Cheval atteint de cette maladie ; enfuite vous lui ferez prendre le reméde fuivant en breuvage.

Prenez trois têtes d'Ail, une poignée de graine de Geniévre, un demi-verre de Suc de Bryone ; pillez le tout enfemble ; prenez outre cela Poivre battu & Gingembre en poudre, de chaque une once ; Canelle & Clou de Gérofle battus, de chaque une once & demie ; & deux cueillerées de bon miel ; mettez infufer le tout dans une pinte de Vin blanc, & paffez la liqueur. Faites infufer d'un autre côté, une demi-once de bon Tabac dans un verre de Vin blanc, paffez & mêlez les deux infufions, que vous ferez prendre au Cheval, ayant foin de le mener immédiatement après au trot pendant un quart-d'heure. Il faut qu'il soit deux bonnes heures devant & autant après sans manger ni boire. Il faut aussi le faire bien couvrir. Ce reméde est violent, & le Cheval en est très-mal ; c'est pourquoi on ne le donne, que quand la Morve est bien mauvaise. On s'en sert aussi pour le Farcin.

Voici une nouvelle Recette qu'on assûre excellente, & avoir été expérimentée, pourvû que la Morve ne soit pas invétérée. Il faut prendre une jointée de racines de *Chardon de Bonnetier* ou *à Foulon*, les couper par petites rouelles, y joindre le quart de racines, qu'on appelle *le Seau de Salomon*, également coupées. Mêlez le tout dans un picotin de Son de Froment. Faites-le manger au Cheval le soir, après l'avoir laissé un demi-jour sans manger ; ensuite couvrez-le bien, continuez la même chose pendant huit ou dix jours. On assure que les racines seules de ce Chardon, guérissent le Farcin, la Galle, les Dartres, prises de la même maniere, & qu'elles sont bonnes pour les Chevaux poussifs, fourbus, courbattus, enflés de Corps & de Jambes. On purge aussi parfaitement bien un Cheval avec une seule prise.

On n'entre point dans le détail des trois espéces de Morve glandeuse, épineuse & chancreuse, dont parlent tous les Gens qui se mêlent de Chevaux, tant parce qu'ils ne les caractérisent & ne les distinguent pas assez bien l'une de l'autre, que parce qu'ils les reconnoissent toutes trois pour incurables.

DE CAVALERIE. 105

Du Lampas ou Féve.

Le Lampas est une tumeur de la grosseur d'une Noisette, qui se forme à l'extrémité antérieure de la Mâchoire supérieure, proche des Pinces : & quelquefois la chair descend d'un demi-doigt plus bas que les Dents. Cette grosseur cause de la douleur au Cheval en mangeant, particuliérement lorsqu'il mange du Grain. Comme ce mal ne s'en va pas de soi-même, on est obligé d'ôter la Féve, même aux jeunes Chevaux, quoique les Dents de Lait ne soient pas encore tombées. Cela se pratique avec un fer rouge fait exprès pour cet usage, lequel est plat par le bout, & large comme une piéce de douze sols. On a soin de lui mettre auparavant dans la Bouche un Pas-d'Ane enveloppé dans du linge, pour lui tenir la Bouche ouverte, de crainte de le bleffer. Il faut beaucoup d'adreffe dans le Maréchal qui fait cette opération, premiérement pour la faire en une application du fer chaud; fecondement pour ne pas cautérifer jufqu'à l'Os; ce qui arrive quand on y revient à deux fois.

Quand les Dents de Lait font tombées, on fait cette opération encore plus hardiment.

L'opération étant faite, il faut que le Cheval ne mange que du Son mouillé pendant quelques jours; & s'il ne recouvre point l'appetit, il faut lui laver la Bouche avec un linge trempé dans du Vinaigre, dans lequel on aura broyé deux ou trois têtes d'Ail, avec une petite poignée de Sel :

ce linge s'attache au bout d'un bâton.

Quoique cette incommodité ne passe pas pour maladie, il en peut cependant arriver de mauvaises suites, parce que le Cheval ne pouvant ni boire ni manger, tombe malade de foiblesse. Quelques-uns guérissent ce mal en donnant simplement un coup de Corne.

Barbillons.

ON appelle *Barbillons* de petites excroissances charnues, qui ont la figure des barbes d'un poisson, qu'on nomme *Barbillon*, situées à deux doigts au-delà des crocs d'enbas à la partie latérale interne des Dents; ce mal empêche un Cheval de boire, & par conséquent de manger, ce qui le feroit bientôt dépérir. La guérison de ce mal dépend de l'adresse du Maréchal, à introduire des ciseaux longs sous la Langue du Cheval, & à emporter d'un seul coup ces excroissances à droite & à gauche successivement ; ce qui se fait avec le secours du Pas-d'Ane, comme pour ôter la Féve. On tire la Langue, & on prend garde que le Cheval ne retire la Tête, parce qu'il pourroit arriver, que la Langue resteroit dans la main, surtout si le Cheval étoit vif & peureux ; car il n'y a point d'Animal auquel la Langue tienne moins. Après lui avoir coupé les Barbillons, il sera bon de lui donner un coup de Corne, & de lui laver la Bouche avec du Sel, de l'Ail & du Vinaigre pour le remettre en appetit.

Cirons.

IL vient à la Bouche des Chevaux une incommodité qu'on appelle *Cirons* : ce font de petits boutons blancs, qui viennent au dedans des Lévres, fupérieure & inférieure, & qui paffent la premiere peau. Pour les ôter, il faut fe fervir d'un clou de fer à Cheval, ou d'un autre inftrument femblable, pourvû qu'il ne foit pas trop tranchant, & prendre avec la main les Lévres l'une après l'autre, comme fi on vouloit les retourner : enfuite on découpe la premiere peau à l'endroit des Cirons, & on coupe légerement la chair en divers fens, pour en faire fortir un peu de fang ; aprèsquoi on donne un coup de Corne au Cheval, on lui lave la Bouche, comme ci-deffus, & on le met au Son mouillé pendant deux ou trois jours.

Des Surdents.

L'on appelle *Surdents*, des Dents mâchelieres inégales, & qui s'ufent plus d'un côté que de l'autre ; ce qui fait que ne portant point également l'une fur l'autre, le Cheval ne peut pas bien broyer les alimens, dont une partie retombe de la Bouche. Quelquefois ses Surdents deviennent si longues & si pointues, qu'elles blessent le Palais & les Gencives.

Le reméde est de renverser le Cheval par terre si l'on n'a point de Travail ; de lui mettre un Pas-d'Ane dans la Bouche ; de lui casser avec un Gouge & un grand Fer, qui sert de marteau, cette excroissance osseuse, ou du moins l'évuider, s'il se peut; & lui faire ronger le Careau ensuite, pour unir les aspérités de la Dent cassée.

Cette opération même de faire ronger le Careau suffit pour unir les Dents, & est moins dangereuse, mais demande beaucoup plus de patience. Le Careau est une grosse lime quarrée, qu'on met dans la Bouche du Cheval, entre les grosses Dents, pour la lui faire mâcher pendant un quart d'heure, ou plus, s'il est nécessaire; au moyen de quoi ces Surdents deviennent égales aux autres Dents.

Il arrive quelquefois aux premieres Dents, au-dessus des Crochets, qu'elles s'allongent considérablement, & ressemblent à des Dents de Loup : on les coupe avec des Triquoises.

La même chose arrive aux Crochets; mais plus communément à ceux d'enbas : on est obligé de les rogner de même.

Des Barres & de la Langue blessées.

Les Barres peuvent être blessées, non seulement lorsqu'on est obligé de se servir du Pas-d'Ane, dont nous avons parlé dans l'opération précédente; mais un Cavalier qui a la main dure, un Mors trop rude, & un coup porté par accident sur le Mors ou sur les Barres mêmes, peuvent y faire des écorchures, des blessures, & entâmer jusqu'à l'os, & en faire sauter des Esquilles. Il faut examiner s'il n'y a point de pourriture & de puanteur dans la playe, ce qui en fait un Ulcére. Il faut chercher

chercher aussi s'il n'y a point d'Esquille enlevée ou éclattée. On doit se servir de billots de Miel, qui se font de cette maniere. On prend un linge, qu'on étend sur une table, & que l'on couvre de Miel pur ou de Figues séches pilées avec le Miel & Sucre en poudre ; après-quoi on le roule autour d'un bâton arondi ; on met ce rouleau dans la Bouche du Cheval, & on l'y arrête par le moyen d'une corde attachée aux deux bouts du rouleau, qu'on passe par-dessus la Tête du Cheval, comme une bride ; & on le met quatre ou cinq fois par jour une heure à chaque fois.

Quant à la Langue, si elle se trouve blessée, le repos, ou au moins un Mors plus doux, en cas que l'on soit obligé de s'en servir, la rétabliront en entourant le

Mors d'un linge fin frotté de Miel Rosat.

Si la Bouche étoit fort échauffée, on pourroit piler de l'Eclaire avec du Verjus & un peu de Sel, & quelques gouttes d'Huile, & en frotter la Bouche. Quand il vient sur la Langue un limon épais, que l'on appelle communément *Chancre*, on la frotte avec Poivre, Sel & Vinaigre mêlés ensemble.

Il est important de guérir promptement un Cheval, qui a la Langue blessée; parce que s'il sent du mal long-tems à cette partie, il s'accoûtume à battre à la main, & lever la Tête.

Du Pissanesse ou *Pinsanesse.*

On trouve dans quelques Auteurs une maladie qui est peu commune dans ces Pays. C'est une maladie de l'Avant-main, comme de l'Arriere-main. Elle commence par une démangeaison confidérable fous le Pied; & le Cheval en y portant la Dent & même la Langue, ce mal fe communique avec une telle fubtilité, qu'il en perd l'appetit fur le champ. La Langue lui devient toute noire, & tombe en vingt-quatre heures. Le reméde pour ce mal, c'eft de faigner d'abord le Cheval à la Pince du Pied malade, puis lui laver la Langue avec Sel, Verjus & Ail, & le faigner de la Langue.

De l'Emorragie.

C'est une perte de Sang par les Nazeaux ou par la Bouche, qui arrive quelquefois dans les grandes chaleurs, après une longue & une violente fatigue. Le reméde est de saigner promptement le Cheval, de lui donner des lavemens rafraîchissans, composés de Mauves, Guimauve, Plantin, Chicorée, Laitue, & Pourpier; de chaque une poignée: faire du tout une décoction dans deux pintes & chopine d'eau, avec une once & demie de Sel Policreste en poudre.

Le Crotin d'un Ane entier, séché à l'ombre, pulvérisé & soufflé dans les Nazeaux, est un bon reméde pour arrêter le Sang; ou bien Ecorce de Grenade séche, Vitriol Romain, & Alun, de chaque quatre onces, pulvérisés & mêlés ensemble. Ce dernier reméde arrête le Sang de toutes sortes de blessures.

Il faut aussi tremper un drap en cinq ou six doubles dans de l'Eau & du Vinaigre, lui en envelopper la Tête, & lui jetter de l'eau fraîche sur les Rognons, & au fourreau entre les deux Cuisses.

Du Tic.

LE Tic est une mauvaise habitude que les Chevaux contractent. Parmi une infinité de ces mauvaises habitudes, qu'il seroit trop long de rapporter, la plus commune, est de ronger la mangeoire; & comme les uns la rongent plus volontiers avec la Mâchoire supérieure, les autres avec l'inférieure, c'est ce qui fait que les uns ont les Dents d'en haut plûtôt usées, les autres celles d'en-bas. Ce défaut vient de ce que les Chevaux étant jeunes, & sentant du mal aux Dents qui percent les Gencives, ils se sont accoûtumés à ronger le bord de l'Auge, pour faire paffer cette démangeaifon ; ou bien ils contractent ce défaut pour l'avoir vû faire à d'autres. Il réfulte beaucoup d'inconvéniens de cette habitude. Le premier, eft qu'ils perdent une grande partie de leur Avoine ; le fecond, eft qu'ils prennent beaucoup de vents, ce qui, non feulement les fait roter continuellement, chofe très-défagréable à entendre; mais encore leur donne fouvent des tranchées, dont ils peuvent mourir. Il en eft qui rongent continuellement leur longe & la coupent ; à ceux-là il fuffit de leur mettre une chaîne. Pour ceux qui tiquent fur l'Auge, on la frotte avec du fiel, ou de la fiente, ou bien on y met des lames de fer. On peut auffi leur donner leur Avoine dans un fac, & les attacher court & haut à un anneau de chaque côté.

Du mal de Cerf.

CETTE maladie est une espéce de Rhumatisme universel, qui tient le Corps roide dans toute son étendüe; mais particulierement le Col & les Mâchoires, de sorte que le Cheval ne peut manger, & est autant en danger de mourir de la faim que de son mal. Dans cette maladie il tourne les Yeux par un mouvement convulsif, comme s'il alloit mourir, de sorte qu'on n'en voit que le blanc; & il a par intervalle des battemens de Cœur & de Flancs si grands, qu'on croiroit qu'il va périr. En maniant le Col on le sent roide & tendu, & la peau aride. La fiévre accompagne cette maladie, qui est souvent mortelle, & demande un prompt secours. Cette maladie eſt d'autant plus dangereuſe, qu'elle eſt communément accompagnée de Fourbure & de gras fondu. Si ces accidens n'y ſont pas joints, il y a à eſpérer.

Il faut ſaigner promptement à la veine du Col, & réitérer la ſaignée pendant douze à quinze heures, de deux heures en deux heures, n'en tirant qu'un verre environ à chaque fois ; donnez au Cheval des lavemens émolliens tous les jours, & frottez-lui la Mâchoire & le Col, ſi le mal ne le tient que dans ces parties, avec une compoſition de moitié Eau-de-vie & moitié Huile de Laurier, & autant d'Onguent d'Althéâ : ou bien avec un mélange de parties égales d'Huile d'Aſpic, d'Huile de Thérébentine, & d'Huile de Laurier.

Mais

Mais si le Cheval en est attaqué par tout le Corps, trempez un drap dans de l'Eau-de-Vie, ou si le Cheval n'en vaut pas la peine, dans de la lie de Vin chaude, & lui enveloppez tout le Corps, après le lui avoir frotté avec la composition précédente; & le couvrez bien.

Si le Cheval n'a point de fiévre, donnez-lui le quatriéme jour de la maladie, le matin à jeun, une prise de Poudre Cordiale, & le faites boire à l'eau panée.

Et au cas que le Cheval eût la fiévre, donnez-lui le breuvage d'Eaux Cordiales, & le soir un lavement.

Lorsque le Cheval commencera à fianter des matiéres liées & épaisses, cessez breuvage, poudre & lavement, & le mettez à l'usage d'une Bouillie faite avec

III. Part. L

de la Farine d'Orge, & de l'eau bien cuite & bien claire : donnez-lui-en une pinte, & prenez garde qu'il ne perde haleine en l'avalant.

Il faut auſſi dans cette maladie paſſer un bouton de feu ſur le haut de la nuque, près du toupet, avec un fer gros comme le doigt, & de la longueur du doigt, on y fait entrer un plumaceau enduit d'un liniment, fait avec une once d'Huile de Thérébentine & une cuillerée de Verd de gris en poudre ; vous en paſſerez deux autres au-deſſus des Oreilles ; mais à ceux-là on y paſſe un ſéton enduit du même liniment, ou du ſupuratif, ou de quelqu'autre digeſtif.

Si le train de derriere eſt entrepris, paſſez au troiſiéme nœud de la Queue en remontant, un bouton de feu, & y mettez un plumaceau enduit du même Onguent.

Si les Mâchoires se serrent trop, mettez-lui un billot gros comme le poignet, enveloppé d'un linge chargé de Miel, pour lui tenir la Bouche ouverte, avant qu'elle soit tout-à-fait serrée, & pour lui mettre de tems à autre la Mâchoire en mouvement, jusqu'à ce qu'il mange. Si les Mâchoires s'étoient tellement serrées qu'on ne pût lui couler aucun breuvage dans la Bouche, il faudroit faire un coin de bois large & mince, & l'introduire en frappant doucement avec un marteau à plusieurs reprises & à plusieurs heures de distance. Il suffit que l'on ait un demi-pouce de jour, pour qu'il puisse prendre des remédes & quelques alimens. On lui présentera pour nourriture un peu de son, ou bien de la Farine battue dans l'eau.

Vous pouvez, pour lui frotter les Mâchoires, vous servir de l'Onguent pour la Nerf foulure ; ou Onguent des Nerfs, dont voici la description.

Maniere de faire l'Onguent des Nerfs.

Prenez des Fleurs de Romarin, de Lavande, de Millepertuis, de Camomille, & de Mélilot, de chaque une poignée, & les mettez dans un grand matras ; versez dessus une pinte d'Esprit-de-Vin bien rectifié ; mettez par-dessus un vaisseau de rencontre, que vous lutterez bien ; puis vous mettrez votre matras au Bain-marie, ou sur du sable chaud,

& l'y laisserez vingt-quatre heures, remuant de tems en tems, pour en faciliter la teinture; prenez d'autre part Chamœpitis, Marjolaine, Romarin, Menthe, Rue, Lavande, de chaque une poignée; Geniévre verd, deux onces; Baies de Laurier, racine de Piréthre & Mastic, de chaque une once; Benjoin, demi-once; Castoreum & Camfre, de chaque trois gros: pilez chacune de ces drogues séparément, & les mettez ensemble dans un nouveau matras luté de même que le premier, avec son vaisseau de rencontre sur un bain de Sable, ou Bain-marie, & le laissez vingt-quatre heures de même, en remuant de tems à autre, pour en tirer une forte teinture. Au bout de vingt-quatre heures, mêlez dans un troisiéme matras vos deux teintures, que vous verserez par inclination, & y ajoûterez une livre de Savon marbré, coupé bien menu; couvrez d'un vaisseau de rencontre, lutez, & mettez de nouveau à un bain de Sable ou Bain-marie, remuant de tems-en-tems, jusqu'à ce que le Savon étant parfaitement dissous, le tout soit en consistence d'Onguent. Cet Onguent est excellent, non seulement pour les Nerfs-ferrures de vieil, pour les entorces & foulures, mais encore pour les efforts d'Epaule & de Hanches.

Du Vertigo.

Le Vertigo est aux Chevaux ce que l'on appelle aux Hommes, *Délire*, ou *Phrénésie*, ou *Transport*; il en est aux uns comme aux autres, de deux espéces, l'un tranquille, & l'autre furieux.

Dans le premier, le Cheval met la Tête entre les Jambes, va toujours droit devant lui, fans fe détourner. Il paroît avoir les Yeux renverſés, & va donner de la Tête au mur, parce qu'il ne voit pas, & même fe laiſſe tomber fort rudement par terre dans ſon étourdiſſement.

Cette maladie ſe traite à peu-près comme la précédente ; on faigne le Cheval de trois en trois heures ; on lui met de même des boutons de feu ; enſuite on applique une peau de Mouton toute chaude fur la Tête ; on le frotte avec les mêmes onctions, & on lui donne les mêmes Poudres Cordiales.

Le Vertigo furieux eſt une eſ-péce de rage ; & l'on ne peut approcher du Cheval fans beaucoup de péril : il ne veut ni boire, ni manger ; il se débat ; il se frappe la Tête contre les murs, & paroît comme désespéré ; quand il s'échappe il peut causer de terribles désordres. Des Auteurs prétendent que ce vertige vient d'un Ver qui prend naissance dans la Queue, & qui monte toujours le long de l'épine du Dos jusqu'à la Tête, où étant parvenu, il cause tous ces ravages, lorsqu'il vient à toucher la dure-Mere ; mais cela n'a aucune vraisemblance, & les maladies qui attaquent le genre nerveux, sont capables de produire cet effet. Il est assez inutile de donner des remédes pour ce mal, parce qu'on ne peut approcher du Cheval ; cependant si on le pouvoit, la saignée jusqu'à défaillance, les lavemens rafraîchissans & purgatifs, & les onctions précédentes, y pourroient donner du foulagement.

Cette maladie provient souvent d'un coup de Soleil, furtout fi le Cheval a eu long-tems le Soleil dans le Front, étant au piquet la Tête expofée au plein Midi: quelquefois auffi de l'indifcretion d'un Ecuyer, qui aura fatigué trop long-tems un Cheval, en lui donnant une leçon trop violente & trop longue.

Il faut attacher un Cheval atteint de ce mal entre deux piliers, avec un licol à double longe, afin qu'il ne puiffe fe frapper la Tête ni contre l'Auge, ni contre le Ratelier.

Du mal de Taupe.

CE mal arrive aux Chevaux qui tirent au Collier, plus fouvent qu'aux Chevaux de Selle ou de Harnois : il vient fur le fommet de la Tête, derriere les deux Oreilles, à l'endroit où porte le licol; & forme une meurtriffure qui dégénére en abfcès, qui fufe fouvent tout le long de la criniere. Les autres Chevaux peuvent pourtant gagner ce mal, lorfqu'ils tirent trop au licol, furtout fi le licol eft fait de corde, ou lorfqu'ils ont reçû quelque coup violent fur la Tête; ou bien quand ils ont été trop long-tems expofés au Soleil, comme il arrive au piquet à l'Armée. Cette tumeur excéde quelquefois la groffeur du poing, & eft remplie de fang extravafé ou d'eaux rouffes; s'étend tout du long de la criniere, & gagne beaucoup de terrain en peu de tems, à caufe de fa pente.

Il faut commencer par saigner le Cheval, pour empêcher que le dépôt n'augmente, & réitérer même la saignée; puis raser le poil, & mettre dessus toute la tumeur une charge avec Poix, Thérébentine, Farine, Saindoux, Huile de Laurier, & vieux Oing; ou bien on se sert de l'Onguent de Montpellier. On purge après quelques jours le Cheval, & on réitére la purgation de tems-en-tems; car ces maux sont longs, & on en a vû durer plus de six mois.

Outre la charge que l'on applique sur la tumeur, on y passe encore au travers un bouton de feu de la grosseur du petit doigt, qui perce d'outre en outre, & ensuite un séton chargé d'un bon digestif, comme de supuratif, Thérébentine, & jaunes d'Œufs cruds; le lendemain on bassine la place avec de l'eau tiéde; & l'on frotte avec une teinture d'Aloës, qui se fait, en mettant dissoudre de l'Aloës dans de l'Eau-de-Vie; ou bien au défaut de cette teinture, usez d'Oxycrat tiéde. Il faut prendre garde que le Cheval ne s'écorche en se frottant; puis on jette dessus la plaie de l'Os de séche en poudre, ou de la Colofane, ou des Os calcinés, ou de la savatte brûlée; ou bien on se sert d'Egyptiac.

Tumeurs & blessures sur le Garrot.

L'une & l'autre viennent ou de coups, ou de morsures de Chevaux entr'eux, ou plus souvent de ce que la Selle, dont les Arçons sont entr'ouverts, a porté dessus, ou le couffin du Harnois. Quand ce mal est négligé, de simple plaie il devient Ulcére.

Si c'est une simple foulure sur le Garrot sans écorchure, & qu'il n'y ait pas lieu de soupçonner une extravasion de sang, on met dessus un liniment d'Huile de Laurier, Onguent d'Althéâ, & Eau-de-Vie, avec l'Essence de Thérébentine & le Basilicum, ou bien le suivant. Il faut prendre cinq ou six blancs d'Œufs, les battre long-tems pour les mettre en écume ; ensuite prendre une once d'Alum de Roche crud, qui n'est pas calciné ; le mettre en poudre, comme de la Farine, & le mêler parmi les blancs d'Œufs : le tout étant bien mêlé, y ajoûter environ un verre d'Esprit de Thérébentine ; battre encore tout cela, & y ajoûter autant d'Eau-de-

Vie ; & à force de battre le tout ensemble, cela deviendra comme une espéce d'Onguent, dont vous frotterez l'enflure trois ou quatre fois par jour. On peut se servir encore du Savon ordinaire dissous dans de l'Eau-de-Vie, sur une assiette, que l'on met sur des cendres chaudes. Quelques-uns mettent un morceau de gason sur la foulure, & l'appliquent du côté de la terre ; en le serrant avec une sangle pour le faire tenir.

Mais s'il y avoit Ulcére, & qu'il fût invétéré, on fait dessus une incision cruciale : c'est-à-dire, qu'on donne un égoût de chaque côté à l'Ulcére, & par-dessus on fait une incision longitudinale ; puis on prend Urine d'Homme, deux pintes ; Sel, un litron ; Alum pilé, quatre onces ; on met le tout dans un grand poëlon, qui tienne au moins quatre ou cinq pintes, parce que la liqueur monte beaucoup fur le feu, & l'on remue toujours avec une petite cuilliere de bois; on prend de cette liqueur pendant qu'elle bout, & avec la cuilliere de bois, on en verfe toute bouillante dans le Garrot; on réïtére le lendemain, & on laiffe la playe fept à huit jours fans y toucher. Il eft rare qu'on foit obligé d'en venir à une troifiéme projection, qu'on peut cependant faire, fi la néceffité le requiert, mais il fuffira, fuivant les apparences, de mettre deffus de l'Egyptiac, pour mondifier & fécher l'Ulcére, & empêcher que le Cheval ne fe frotte.

Bien des perfonnes fe fervent, pour les fimples foulures ou écorchures, du Lappa-Major ou Bardane, qu'ils appliquent deffus, ou bien de la Morele.

On peut se servir encore de ce reméde, dont nous venons de donner la description, pour les Ulcéres & blessures sur le Rognon.

De l'effort d'Epaule, ou du Cheval entr'ouvert, ou faux Ecart.

QUELQUES personnes se trompent souvent à cette maladie, quand ils ne sont pas instruits de sa cause en traitant dans le Pied un mal, qui a sa source plus haut; comme ils voyent un Cheval boiter, ils passent plusieurs jours à y mettre diverses charges, rémolades, &c. puis parlent de le dessoler, & au bout de plusieurs semaines, s'avisent enfin que le mal pourroit bien être dans l'Epaule.

paule. C'est pourquoi, lorsque l'on voit un Cheval boiter, il est d'une très-grande importance de chercher quelle en est la cause; car il y en a une infinité qui peuvent occasionner cet accident. Un clou de rue, un chicot, un morceau de verre ou de grès qui aura percé la sole, & même le Petitpied, une atteinte que le Cheval se sera donnée en courant, ou qu'il aura reçûe; toutes les maladies de Jambe & de Pied, dont nous parlerons dans la suite, & plusieurs autres, sans compter le mal d'Epaule, peuvent le faire boiter.

Voici les signes les plus ordinaires pour reconnoître ce dernier, lorsque l'on n'a point été témoin de l'accident. Premierement, voyant le Cheval ne s'appuyer bien que sur trois Jambes, il faut examiner le Pied, la Fourchette, & la Sole; & faire lever le fer, pour voir s'il ne cacheroit point le mal, ou s'il ne le causeroit pas lui-même par être trop ferré, ou par quelques clous qui serreroient trop la Veine, ou le Petit-pied, &c. puis avec des Triquoises on pince la Sole & le Sabot tout autour, après avoir fait parer le Pied. Si le Cheval ne feint point à toutes ces épreuves, on examine le Pâturon & le Boulet; on voit s'il n'y a point d'entorce; on passe la main le long du Nerf, en remontant vers l'Epaule, & ne trouvant mal ni douleur jusques-là, on la frotte un peu rudement, en pressant avec la main. Le Cheval pourra alors témoigner quelque douleur, d'où on conjecturera que cette partie est le siége du mal. On a coûtume de faire promener un Cheval un efpace de tems un peu confidérable, quand il paroît boiter, pour l'échauffer, & lui dénouer les Epaules : s'il arrive qu'après cet Exercice il ne boite plus, on en conclut que le mal étoit dans l'Epaule. Mais s'il boite plus fort, il ne faut pas conclure que le mal foit dans le Pied néceffairement. Cela arrive cependant d'ordinaire, mais quand le mal d'Epaule eft un peu confidérable, il ne fait qu'augmenter par cet Exercice, & fait boiter le Cheval tout bas, auffi-bien que s'il avoit mal au Pied.

 La plus fûre maniere pour connoître le mal d'Epaule, c'eft de faire trotter le Cheval en main quelque pas, & d'examiner comme il porte toute la Jambe malade, fi au lieu de porter toute la Jambe sur une ligne droite en avant, il prend un cercle pour y arriver. Ce mouvement, qui s'appelle *Faucher*, est le signe le plus certain, que le mal est dans l'Epaule, & si l'on examine bien le Cheval, on le reconnoîtra infailliblement peu ou beaucoup, en cas qu'il soit atteint de ce mal, & de plus il traîne la Pince, comme s'il étoit débouleté, quand il marche, & quand il est reposé, il a toujours la Jambe malade en l'air & en avant.

Cet accident arrive souvent pour une chûte ou pour un effort que le Cheval a fait, pour se retenir & empêcher la chûte. Dans cet effort, il met en contraction les Muscles extérieurs de l'Omoplate & de l'Epaule, & écarte ainsi des Côtes, les Os de l'Epaule, qui y sont unis par des attaches fibreuses seulement. Par cet écart, il se déchire de ces parties fibreuses, qui laissent suinter des goûtes de Limphe & de sérosité, lesquelles forment des amas d'eau, qui devenue, par son extravasion, corps étranger, incommode considérablement le Cheval, & empêche la réunion de ces parties, & même y attire une fluxion de nouvelles humeurs.

Il faut commencer par saigner le Cheval à l'Ars, recevoir son sang dans un vaisseau, & le remuer avec la main, de peur qu'il ne se grumele, y mêler un demi-septier d'Eau-de-Vie, & en faire une charge sur l'Epaule. Si c'est un Cheval de prix, au lieu de son sang, mêlez avec de l'Eau-de-Vie du Beaume ardent, ou bien mêlez parties égales d'Essence de Thérébentine, d'Eau-de-Vie,

& d'Huile d'Aspic. Il faut tenir le Cheval entravé à l'Ecurie, afin qu'il ne puisse pas porter la Jambe en avant.

Si ces remédes ne suffisent point, vous réitérerez la saignée, & vous passerez un séton au-dedans de l'Epaule du Cheval, & non au Palleron, & le suspendrez ou le retiendrez au ratelier, de façon qu'il ne puisse se coucher de quinze jours, afin que les humeurs, que le Séton ou l'Ortie fera sortir, puissent avoir leur écoulement. Le Cheval étant obligé de demeurer long-tems sur ses Jambes, courroit risque de devenir forbu, si l'on n'avoit soin de le saigner de tems-en-tems.

On peut, au lieu du Séton ou de l'Ortie, appliquer une roue de feu sur la Noix : (on appelle *la Noix* le joint de l'Humerus avec

DE CAVALERIE. 143

l'Omoplate.) Il y a un inconvénient, c'eſt que le Cheval en demeure marqué toute la vie, mais auſſi ce reméde eſt plus efficace que le Séton.

Il arrive quelquefois qu'un Cheval boittera de l'Epaule pour avoir été foulé, & trop preſſé par un des Arçons de la Selle, ou qu'il ſe ſera froiſſé l'Epaule contre un arbre, un mur, la mangeoire, &c. A ce mal ſuffit de faire des frictions avec le Savon & l'Eau-de-Vie, ou autre reméde ſemblable.

De l'Ecorchure entre les Ars, ou du Cheval frayé entre les Ars.

ON appelle un Cheval frayé, ou écorché entre les Ars, lorſqu'il eſt écorché dans le pli de cette partie. Cet accident, qui est fort leger, arrive quand un Palfrenier n'a pas soin de nétoyer cette partie, qu'il oublie fort souvent ; & lorsque le Cheval a le cuir tendre ; ou à la suite d'un long voyage.

Le reméde est de prendre parties égales de graisse de rognons de Mouton & de Miel, & d'en faire un Onguent à froid, que l'on applique sur le mal ; & de tenir ensuite la partie nette pour éviter la récidive.

De l'Avant-cœur, ou Anti-cœur.

C'EST une tumeur qui approche de la nature du Bubon pestilentiel, formée par un amas de sang extravasé à la partie antérieure du Poitrail, qui se communique souvent sous le Ventre, jusqu'au qu'au fourreau aux Chevaux, & jufqu'aux Mammelles aux Cavales.

La triſteſſe du Cheval, les battemens de cœur, la fiévre ardente, & les défaillances, jufqu'à tomber par terre, auſſi-bien que le dégoût univerſel, en font les Simptômes.

Pour faire venir cette matiére à ſuppuration, il faut appliquer ſur la tumeur une charge compoſée avec un litron de farine, une demi-livre de Poix noire, autant de Poix blanche, demi-livre de Thérébentine, un quarteron d'Huile de Laurier, avec une demi-livre de Saindoux ou vieux Oing : faites cuire le tout à petit feu, & chargez le Cheval.

On peut ſe ſervir auſſi de l'Onguent de Montpellier ; mais comme il eſt trop coulant, il faut le corporifier avec suffisante quantité de Poix.

Si la tumeur étoit trop lente à venir à suppuration, on ouvriroit la peau avec un bistouri entre les deux Jambes de devant au bas du Poitrail; & avec la corne de Chamois, on feroit une loge entre cuir & chair à droite & à gauche, suffisante pour y placer un morceau de racine d'Hellebore noir, trempé pendant quelques heures dans du Vinaigre, de la grosseur d'une Noix; ensuite on recout la peau. Si au bout de vingt-quatre heures il se trouve en cette partie une tumeur grosse comme la tête d'un Homme, c'est un signe qui fait espérer une prompte guérison. Cette maladie est presque mortelle dans les pays chauds, fort dangereuse dans les climats comme le nôtre, & très-peu en

Hollande & dans les pays froids.

De la Loupe.

La Loupe est une tumeur molle, située entre le Cuir & les Muscles, laquelle renferme ordinairement des humeurs glaireuses, quelquefois une matiére semblable à du plâtre, quelquefois à du suif; quelquefois une matiére charnue, & quelquefois d'une autre nature.

Quand cette tumeur roule aisément sous la peau, on peut espérer de la fondre ou résoudre; mais quand elle est adhérente, cela est beaucoup plus difficile. Cette tumeur apporte plus de difformité que d'incommodité réelle, à moins qu'elle ne soit située sur quelque articulation, & que par cette cause elle n'empêche l'action & le mouvement.

Les Maréchaux connoissent peu cette espéce de Loupe, qui vient indifféremment sur toutes les parties du Corps; mais voici la maladie à laquelle ils donnent ce nom, quoiqu'elle ne soit rien moins qu'une Loupe.

Il est des Chevaux qui se couchent en Vaches, c'est-à-dire, les Jambes sous le Corps. Lorsque les éponges du fer sont trop longues, elles blessent le Coude, & le meurtrissent si considérablement, que peu d'heures après on trouve une Ekymose fort grande, (on appelle *Ekymose*, un sang extravasé, ou épanché hors des Vaisseaux) & une tumeur qui se voit quelquefois égale en grosseur à la tête d'un Homme ; cette Loupe est fort dangereuse, & veut un prompt secours; il faut d'abord déferrer le Cheval, & rogner toutes les éponges, quand on voudra le ferrer de nouveau. Il faut le faigner, parce qu'ordinairement dans ce mal, il est entrepris de tous fes Membres, & employer les mêmes remédes que dans l'Avant-cœur.

Si la tumeur est trop confidérable, pour espérer un bon succès de ces remédes, & qu'elle paroisse remplie d'eau rousse ou de pus, mettez une pointe de feu par-dessous, pour donner égoût à la partie.

Si l'on s'apperçoit de la tumeur dès le premier jour, & qu'elle ne foit pas confidérable; après avoir remédié à la ferrure, il suffira de laver cinq à six fois par jour la tumeur avec l'eau la plus froide que l'on pourra trouver, par le moyen d'une éponge, & d'employer un sceau d'eau à chaque fois.

Des Malandres.

C'est une espéce d'Ulcére qui se forme au pli du Genou en dedans, où la peau se trouve fendue & rongée par l'âcreté des humeurs qui en découlent. Ce mal rend quelquefois le Cheval boiteux, ou du moins lui tient la Jambe roide au sortir de l'Ecurie. Le poil se trouve mouillé & hérissé en cet endroit, & plein d'une saleté grenue. Quelquefois il s'y forme une croûte plus ou moins grosse.

Outre que ce mal n'est pas aisé à guérir, quand on le pourroit faire certainement, il ne faut pas toujours risquer de le faire subitement, parce que les accidens seroient pires que le mal, l'humeur descendant dans le pied, où elle produit souvent ce qu'on appelle un *Fic* ou *Crapau*; c'est pourquoi il faut seulement tâcher de l'adoucir, & d'en empêcher le progrès.

Ce mal est plus ordinaire à des Chevaux chargés de poil, & nourris dans des pâturages gras & humides, qu'à d'autres. Il paroît souvent se guérir en Eté, quoique cependant la place en reste toujours marquée, parce que la transpiration est plus abondante dans cette saison, qu'en Hiver, où les éclaboussures des boues irritent ces Ulcéres.

Pour guérir ce mal, il faut commencer par saigner & purger le Cheval, pour en détourner la source; ce que l'on réitérera plusieurs fois pendant la cure : & après la premiere purgation, on fera usage d'un des Onguens suivans.

Mêlez ensemble parties égales de Populeum, de Savon noir & de Beurre frais; & frottez les Malandres matin & soir, avec ce mélange. Ou bien prenez un quarteron de poudre fine d'écailles d'Huitres bien calcinées, autant pésant de Navets; nettoyez, pilez vos Navets, & mêlez le tout dans une demi-livre de Saindoux, que vous ferez cuire en consistence d'Onguent.

Du Sur-os, de l'Osselet, & de la Fusée.

Le Sur-os est une tumeur dure, calleuse & sans douleur, qui croît sur l'Os du Canon, à la partie latérale, tant interne qu'externe.

DE CAVALERIE. 153

On en distingue trois sortes.

La premiere, est lorsqu'il se trouve seul.

S'il est placé dans le Genou ou sous le Tendon, que l'on appelle en terme de Cavalerie, *Nerf*; il est très-mauvais, fait boiter le Cheval, & le rend inhabile au service. S'il est éloigné de l'un & de l'autre, c'est un défaut, mais qui n'empêche pas qu'on ne puisse tirer du service d'un Cheval, à moins que le mal ne s'étende.

La seconde espéce est le Chevillé, c'est lorsque sur la même Jambe, il y en a un d'un côté, & l'autre de l'autre, se correspondant si juste, qu'on croiroit l'Os traversé d'une cheville osseuse.

La troisiéme est lorsque deux se trouvent au-dessus l'un de l'autre du même côté du Canon sur la même ligne, on l'appelle alors *Fufée*.

L'on voit quelquefois à la partie interne & fupérieure du Canon, un gros Sur-os, qui femble s'étendre jufques dans le Genou; c'eft une dilatation de la partie latérale de la Tête, ou extrémité fupérieure du Canon. Il n'eftropie pas le Cheval, comme le Sur-os dans le Genou; mais il eft très-dangereux : on l'appelle *Offelet* improprement. La même chofe arrive auffi quelquefois à l'Os du Pâturon.

Le Sur-os fimple, qui n'approche pas du Genou ni du Nerf, fe diffipe ordinairement de lui-même, & n'a befoin d'aucun reméde; mais on en voit peu de cette efpéce au-deffus de huit ou neuf ans.

Toutes ces maladies viennent

souvent au Cheval, pour s'être blessé l'Os au travers du périoste.

Voici la maniere de les traiter. Il faut commencer par raser le poil où est le Sur-os; le battre long-tems, & à petits coups, avec un bâton applati par un côté, afin de le ramollir; ensuite y appliquer le reméde suivant.

Prenez Mercure deux onces; Enforbe trois gros; Soulfre trois gros; Cantarides un gros; réduisez le tout en poudre, & l'incorporez avec Huile de Laurier; appliquez-le sur le Sur-os, & l'y laissez vingt-quatre heures.

Ce reméde demande une main légére & habile, parce que, si ce Caustique, qui est violent, venoit à s'étendre, il causeroit du dégât, & feroit un escare trop considérable.

En voici un autre, qui ne laisse

pas de demander beaucoup d'adresse.

On fait bouillir dans un poisson d'Huile de Noix la grosseur d'un pois de Sublimé corrosif. Le Cheval étant tenu ferme, ou placé dans le travail, on trempe dans cette Huile bouillante un nouet d'Ail, qu'on a auparavant attaché ferme au bout d'un bâton, & on le porte avec quelques goutes d'Huile bouillante sur le Suros, en pesant un peu. On réitére deux fois de deux jours l'un cet attouchement. Quand l'escare est tombée, on jette dessus de la savate brûlée, ou de la poudre d'Huître calcinée, & on recommence le lendemain.

On préfére ordinairement à tous ces remédes l'étoile de feu ; on verra au Chapitre des Opérations, la maniere de la mettre. On donne à l'Offelet, suivant sa grandeur, deux ou trois Petites raies de feu. Il est vrai que ce remède ne guérit pas le Sur-os; mais comme ce mal n'est dangereux que dans ses suites, il l'empêche de croître, & c'est assez.

A la fusée, une étoile ne suffisant pas, on donne le feu en raye ou en Fougere; (voyez le Chapitre des Opérations:) & si le Nerf étoit adhérent, il n'y auroit pas de danger à le toucher légérement avec le couteau de feu pour le détacher.

Il y a encore un autre procédé pour traiter les Sur-os, & les Fusées, qui consiste après les avoir amollis à petits coups, comme dans la méthode précédente, à y donner quelques petits coups de flame ou de lancette, pour percer la peau à plusieurs endroits sur l'étendue du Sur-os ou de la Fusée; en faire sortir du sang; dégorger & faire pénétrer avec plus d'activité le reméde que l'on y applique ensuite.

Ce reméde est de l'Essence de Thérébentine, dont on imbibe un plumaceau de filasse, que l'on met sur le mal; on pose par-dessus une compresse en cinq ou six doubles: on recouvre le tout avec un morceau de vessie de Bœuf ou de Cochon; & on tient tout cet appareil en état, avec une bande de linge de la longueur & de la largeur à peu-près d'une bande à saignée de pied pour les Hommes. Il ne faut lever cet appareil qu'au bout de vingt-quatre heures, & le renouveller trois ou quatre jours de suite.

Du Nerf Féru.

En terme de Cavalerie, le Nerf étant un terme confacré pour fignifier Tendon, il s'enfuit que la Nerférure eft l'atteinte qu'un Cheval fe donne ou reçoit à un des Tendons de la Jambe. Quoique la peau n'ait pas été entâmée, la meurtriffure peut avoir été très-confidérable : c'eft pourquoi il faut y apporter reméde au plûtôt.

Coupez en deux une groffe éponge que vous tremperez dans un mêlange de parties égales de fort Vinaigre, & d'Efprit de Thérébentine battus enfemble ; enveloppez-en toute la Jambe, & particuliérement le Nerf dans toute fa longueur ; recouvrez vos éponges avec de la veffie, & retenez le tout en état avec une ou plufieurs bandes de linge, ayant attention de ne pas trop ferrer le Nerf, ce qui feroit un mal plus grand que le premier.

Au défaut de ce reméde, on peut fe fervir du fuivant.

Prenez de la mie de Pain bien broyée ; paitriffez-la avec bonne Bierre, comme pour en faire du pain ; & enfuite la délayés avec de la Bierre encore, comme de la bouillie ; faites-la cuire, & y ajoûtez la groffeur d'une Noix de Populeum, & autant d'Onguent Rofat ; étendez ce Cataplâme fur du linge blanc de leffive, & l'appliquez ; mettez par-deffus des compreffes trempées dans l'Oxycrat chaud ; & ayez foin de les imbiber de tems-en-tems du même Oxycrat jufqu'à guérifon.

Il y a pourtant des Nerférures, que

que l'on ne peut guérir sans y mettre un feu léger en Fougere ou en patte d'Oye ; & quand le mal dure trop long-tems, on prend ce parti, ou bien lorsque la Nerférure est ancienne.

De l'Entorse, ou *Mémarchure*.

L'Entorse est une extension violente des Tendons & des ligamens qui assemblent les deux Os du Pâturon avec le Canon & le Petit-pied, quoiqu'il n'y ait point de dislocation, qui est un fait à part. Ce mal peut être très-considérable, parce que le poids du Corps du Cheval, qui porte entier sur l'autre Jambe, le met en danger de devenir forbu.

S'il y avoit dislocation, c'est-à-dire, que l'Os fût dérangé de sa place, & ne roulât plus dans sa cavité ordinaire, le mal feroit fi confidérable, qu'il feroit inutile de fonger à y appliquer des remédes. Il faudroit plûtôt fonger, fi faire fe pouvoit, à rétablir cette luxation ou diflocation.

La différence que nous mettons entre l'une & l'autre, eft que dans la luxation, l'Os refte en partie dans fa cavité, & en eft en partie dehors. Celle-ci eft plus dangereufe, parce qu'elle tient plus long-tems les ligamens tendus dans un état violent; & dans la diflocation, l'Os étant forti entiérement de fa boëte, les ligamens reprennent leur étendue naturelle. Mais toute l'adreffe des plus habiles Maréchaux, n'a pas encore été jufqu'à ce point de perfection; & ils abandonnent un Cheval dans cet état. Quoique les Chirurgiens entreprennent avec succès cette opération sur les Hommes.

Les Maréchaux ne remédient donc aux Entorses, que lorsqu'elles sont de simples extensions ou foulures de Tendons; & leur cure consiste dans le moment à laisser le Cheval en repos, & à appliquer dessus des remédes astringens, & les repercussifs les plus forts, pour le premier appareil, afin de rafermir & resserrer les parties qui ont été outrément tendues; & y empêcher la fluxion des humeurs.

Il faut d'abord le saigner en Pince; ensuite frotter le Boulet avec de l'Eau-de-Vie & de l'Essence de Thérébentine, & appliquer dessus un Cataplâme fait avec trois demi-septiers d'Urine, un quarteron d'Huile d'Olive & un picotin de Son; le faire bouillir deux ondées; & mettre ce Cataplâme sur des étoupes, l'appliquer chaud sur le mal, le laisser vingt-quatre heures, & réitérer pendant cinq ou six jours.

Si le Cheval se trouve soulagé, vous le frotterez avec de l'Eau-de-vie, ou du Baume de Romarin; s'il ne va pas mieux, vous frotterez la partie avec un demi-septier de Baume ardent & autant d'Eau-de-Vie.

Voici un autre reméde: prenez Huile de Laurier, Essence de Thérébentine & Eau-de-Vie, c'est une espéce de Véficatoire fort doux, que les Maréchaux appellent *Feu mort*, parce qu'il fait tomber le poil; vous en frottez le Boulet une fois, & quand le Feu mort a fait son effet, on le frotte tous les deux jours avec de l'Eau Vulnéraire & du Savon noir pendant six jours, après quoi on l'envoya à l'eau.

Voici encore un reméde qui est fort aftringent, & capable de refferrer ces parties. Prenez une chopine de Vin blanc, une poignée de Farine de Froment, un quarteron de Miel, demi-quarteron de Saindoux, une poignée de Rofes de Provins, quarre blancs d'Œufs, deux onces de bol d'Arménie, & deux onces de Thérébentine, mettez le tout dans un pot de terre bouché, frémir fur le feu, & après jettez-y un demi-feptier d'Eau-de-Vie; faites un Cataplâme fur des étoupes, l'appliquez tout chaud fur le boulet, & réitérez jufqu'à guérifon. A chaque fois lavez-le mal avec Eau-de-Vie ou Efprit de Vin.

Si le mal eft récent, & que l'on foit à portée d'un ruiffeau ou d'un ne Riviére, le plus court & le plus simple est d'y mener le Cheval sur le champ, & de l'y remener cinq ou six fois par jour, & de le laisser une heure à chaque fois. Après quoi, si cet expédient, qui souvent réussit seul, ne suffisoit pas; on auroit recours aux autres remédes que l'on vient de décrire.

Mais souvent après tous ces remédes on est obligé d'en venir au feu, que l'on met en côte de Melon sur le Boulet, ou autrement, s'il convient mieux; & ce dernier remède est le plus sûr de tous, mais son effet est long.

Le Baume ardent est encore bon pour ce mal, & très-aisé à faire. Mettez demi-once de Camfre en poudre dans chopine d'excellent Esprit de Vin, mettez-le dans un matras, adaptez-y son vaisseau de rencontre, & le lutez bien ; mettez-le à un Bain-marie, qui soit fort chaud sans bouillir, & y laissez circuler la matiére jusqu'à ce que tout le Camfre soit dissous. Délutez vos vaisseaux, & ajoûtez deux onces d'Ambre-jaune concassé de nouveau, & mettez-le sur le Bain pendant deux fois vingt-quatre heures. On s'en sert pour la Forbure, pour l'encloueure & pour des plaies.

De l'Effort du Genou.

Un Cheval peut se donner une Entorse au Genou, aussi-bien qu'au Boulet, soit par une enchevêtrure, ou par quelqu'autre accident. Cette Entorse se nomme *Effort du Genou*, elle se traite de même que celle du Boulet, parce que c'est également une extension outrée des tendons & ligamens des Os du Bras & du Canon. Dans ces fortes d'Efforts, pour peu qu'ils soient négligés, le Genou devient trop gros.

On peut se servir avec succès de la charge pour l'Avant-cœur; & des remédes décrits pour la mémarchure, puisque le mal provient d'une cause semblable.

Des Jambes foulées, travaillées ou usées.

Par Jambe foulée, on entend une Jambe enflée par un grand & long travail dans les premiers jours, qui suivent immédiatement ce travail. Jambe travaillée, signifie une Jambe enflée aussi ou fatiguée ; mais cependant en état de rendre encore quelque service, même dans le moment présent;

sent : & Jambe usée, marque celle qui est peu ou point du tout en état de servir pour l'instant & pour l'avenir, à cause du travail passé.

L'enflûre, les tumeurs particulieres, les fentes, les playes, les ulcéres, la roideur des jointures, donnent à connoître, par le plus ou le moins, jusqu'à quel point une Jambe est altérée ou usée.

Il faut appliquer sur la Jambe des emmiélures capables de raffermir les Nerfs, par exemple, celle-ci. Prenez une pinte de Lait & suffisante quantité de Farine pour faire de la Bouillie ; un peu avant qu'elle soit achevée de cuire, vous incorporerez demi-livre de Cire neuve, autant de Thérébentine, autant de Poix de Bourgogne, autant de Miel, & autant de Saindoux, que vous aurez auparavant fait fondre dans un vaisseau à part à un feu très-doux, & vous jetterez le tout dans cette Bouillie, après l'avoir bien mêlangée. Vous appliquerez ce reméde chaudement une fois par jour.

Voici un Onguent émolliant pour les Boulets gorgés, où il y a inflammation. Miel, Lait, Jaunes d'Œufs, mie de Pain; bouillir le tout ensemble jusqu'à consistence d'Onguent; le laisser vingt-quatre heures sur la partie, & le renouveller jusqu'à guérison. Il faut laver la partie avec de l'eau tiéde, avant que d'appliquer l'Onguent.

Ensuite vous userez de l'Onguent de Montpellier, ou des Bains faits avec les herbes Aromatiques bouillies dans le Vin, ou dans la Bierre, ou dans la lie de Vin.

On peut encore employer pour les Jambes gorgées, le Vin blanc

DE CAVALERIE. 171
& l'Huile de Noix, parties égales, bouillies ensemble, dont on frottera les Jambes à rebrousse-poil, deux fois par jour. Mais quelque reméde que l'on employe, il faut au moins un bon mois de repos, pour que ces remédes réussissent.

On peut aussi user des remédes suivans, qui sont forts bons.

Prenez égale quantité d'Huile d'Olive & de Vin rouge, bien mêlés & battus ensemble, pour les réduire en espéce d'Onguent, dont vous frotterez soir & matin les Jambes du Cheval. Ou bien prenez égale quantité de feuilles de Sureau, feuilles de Morelle & de Poirée, hâchées & pilées dans un mortier pour en tirer le jus; il faut de ce jus en frotter les Jambes du Cheval cinq ou six fois. Ou bien prenez racine de Gui-

P ij

mauve concaſſée, vieux-Oin, de chaque une livre ; ſix pintes de lie de Vin ; faites bien cuire le tout enſemble en remuant toujours le mélange : étant cuit & refroidi, frottez-en les Jambes du Cheval trois ou quatre fois par jour.

On ſe ſert pour les Jambes roides d'un Ciroüene, dont voici la compoſition.

Prenez Cire neuve, quatre onces ; Huile d'Olive, Thérébentine, Céruſe, Mine de Plomb, de chaque une once ; Litarge d'or, demie once. Mettez le tout dans l'Huile & la Cire, que vous ferez fondre à petit feu. Le tout étant fondu, vous y mêlerez une once de Verd-de-gris, que vous ferez encore cuire à petit feu. Le mélange étant cuit, & de couleur verte, vous y ferez tremper des morceaux de toile de vieux linge que vous retirerez après, laisserez dégoutter sur le pot, & mettrez sécher, jusqu'à ce que tout votre Onguent soit consommé & imbibé dans vos morceaux de toile.

Si les remédes ci-dessus ne réussissent pas, on a recours au feu.

Blessure sur le Boulet.

Il faut traiter la blessure sur le Boulet comme la Nerférure, avec l'Althéâ, l'Onguent Rosat, & le Populeum, &c.

Des Molettes.

La Molette est une tumeur tendre & molle, de la grosseur d'une Noisette, quelquefois d'une Noix, sans douleur dans les commencemens & remplie d'eau, située à la partie latérale du Boulet, tant interne qu'externe. Cette tumeur blesse le Cheval, si elle a quelque adhérence au Tendon ou Nerf du Pied, & pour lors on l'appelle *Molette nerveuse*; laquelle est dangereuse, & estropie à la fin le Cheval. Lorsque deux Molettes se correspondent vis-à-vis l'une de l'autre, on leur donne le nom de *Chevillées*. Il en est de cette derniere espéce de nerveuses, & qui résonnent comme si elles étoient remplies de vent. Il est dangereux de les vouloir percer, pour en faire sortir les eaux rousses qui y sont contenues, comme font quelques-uns; il faut user de remédes plus doux, que l'on va décrire, tels que celui-ci.

Après avoir rasé le poil autour des Boulets & dessus les Molettes, on appliquera cet Onguent deſſus. Prenez Mouches Cantarides, Euforbe, Ellebore noire, de chaque deux onces; mettez le tout en poudre, & faites-en un Onguent avec ſuffiſante quantité d'Huile de Laurier & de Thérébentine, autant de l'une que de l'autre. Vous laiſſerez l'Onguent vingt-quatre heures, & avant que ce tems ſoit expiré, il tombera beaucoup d'eau rouſſe : enſuite vous leverez avec une ſpatule l'ancien Onguent, pour en mettre de nouveau; & vous ferez cela pendant huit ou dix jours de ſuite toutes les vingt-quatre heures. Il vous ſemblera que la peau ſoit tombée ſans eſpérance de revenir ; mais cela ne doit point étonner, la peau & le poil reviendront auſſi beaux qu'auparavant. Il eſt certain que ſi les Molettes ſont nouvelles, elles diſparoîtront, & ne reviendront de long-tems; à moins que ce ne soit par le même accident, c'est-à-dire, par un trop grand travail.

Le repos seul, ou tout au plus quelques légers remédes, emportent une Molette simple dans son commencement. On assûre le reméde suivant excellent : partie égale de Soufre en canon & de Sel broyés ensemble, & délayés dans du fort Vinaigre : en frotter les Molettes trois fois le jour.

Ou bien on prend une livre de bol, demi-livre de Galbanum, & autant de Mastic dissous en Eau-de-Vie & Vinaigre, & on en frotte la partie. Les Marchands de Chevaux se servent de ce dernier reméde pour resserrer les Jarrets enflés, & c'est un bon astringent; mais son effet n'est pas d'une fort longue durée : ainsi si l'on prétend guérir radicalement le Cheval, il faut employer le feu.

La maniere de quelques-uns qui fendent l'Ergot, & prétendent tirer les Molettes par-là, est sans fondement, & très-dangereuse.

De la Forme.

La Forme est une tumeur, située à quelque distance de la Couronne sur des Tendons qui se trouvent à la partie antérieure du Pâturon, & qui arrête dans cet endroit, & met à son profit le suc nourricier qui devroit passer dans le petit-Pied & dans la Corne, d'où s'ensuit le desséchement de toute la partie inférieure, lequel estropie à la fin un Cheval.

Ce mal est quelquefois héréditaire. Plus communément il est la suite des efforts violents que le

Cheval a faits, ou dans des sauts de force, ou dans une course précipitée, ou dans un âge trop tendre.

Il faut dessoler le Cheval, & mettre sur la Forme deux ou trois raïes de feu, suivant sa grandeur, & toucher de façon que la raïe gagne le Sabot, afin qu'il se fasse une avalure, pour communiquer la nourriture à la partie inférieure. (On appelle *Avalure* une nouvelle Corne.) Sans cette précaution, les autres remédes ne serviroient de rien, ou s'ils soulageoient, ce ne seroit que pour quelques jours, à moins que le mal ne fût bien récent; auquel cas on appliqueroit dessus des racines de Guimauve cuites & pilées : ou bien l'Onguent noir, (ou de la Mere) pendant une quinzaine de jours.

De l'Atteinte, du Javar, de l'Atteinte encornée, & du Javar encorné.

Les Chevaux qui vont plusieurs de compagnie, soit à côté, soit à la queue l'un de l'autre, sont sujets à se donner des coups de Pied, ou sur les Jambes, ou sur les Tendons, ou sur les Pieds. Ces sortes de coups se nomment *Atteintes*, soit aux Jambes de devant, soit à celles de derriere; quoique celles de devant soient plus communes, parce qu'un Cheval peut se les donner lui-même. C'est la même chose que la Nerférure; avec cette seule différence que l'on donne le nom de *Nerférure* à toute Atteinte donnée au-dessus du Boulet, & celui d'Atteinte simplement à quelque coup que ce soit donné au-dessous. De la violence de l'Atteinte, on juge de la grandeur du mal; car il peut y avoir plaie sans contusion, ou meurtrissure, (ou du moins elle est légére ;) & contusion sans plaie ; ou toutes les deux ensemble.

Quand ces sortes d'Atteintes sont légéres, le Cheval en guérit bientôt; il n'en est pas de même quand elles sont violentes ou compliquées.

Quand il y a playe sans contusion, & que cette playe a été mal ou point pansée, elle devient un Ulcére puant & sordide, auquel on donne le nom d'*Atteinte encornée*, lorsque la matiére est tombée dans le Sabot.

Quand il y a contusion sans plaie, & que l'on n'y remédie pas à tems; il se forme un Abscès sous le cuir, lequel étant situé au milieu de toutes parties nerveuses & tendineuses, est très-douloureux, & se nomme *Javar*.

Ce Javar peut venir cependant d'autres causes, en maniere de dépôt, comme d'un reste de gourme, ou pour avoir laissé séjourner trop long-tems des ordures dans le Pâturon; car ce lieu est le siége de cette maladie, depuis & compris la partie supérieure du Boulet, jusqu'à l'extrémité des Talons, & même peut gagner jusqu'à la partie antérieure du Pâturon, & tomber dans le Sabot jusqu'à la Pince.

On en distingue trois sortes; sçavoir, le simple, le nerveux, ou plûtôt le graisseux, & celui de la gaine du Tendon; auquel on en ajoûte un quatriéme particulier aux Chevaux, mais qui se rapporte à ce dernier, & ne différe que parce qu'il eſt ſitué ſur le Boulet même, mais attaquant toujours le Tendon ; ſa ſituation le rend plus long à traiter, & plus dangereux que les autres.

Cette quatriéme eſpéce n'attaque ordinairement que les Jambes de derriere.

Le Javar ſimple eſt une tumeur douloureuſe ſituée dans le Pâturon, formée par une humeur âcre & mordicante entre cuir & chair, qui forme une eſpéce de petit bourbillon.

Le Javar nerveux, ou plûtôt le graiſſeux ; (car celui-ci n'attaque encore ni Nerf ni Tendon, mais ſeulement les graiſſes & le tiſſu cellulaire) eſt plus douloureux que le précédent ; mais il en ſort une plus grande quantité de pus, & il en tombe une eſcare plus forte. On appelle *Escare* un morceau de chair pourrie ou brûlée, qui se cerne d'avec le vif, ou d'elle-même, ou à l'aide de quelque médicament.

Le Javar tendineux ou nerveux, est de tous le plus dangereux, parce qu'il attaque le Tendon, quelquefois par la partie externe, quelquefois par l'interne, suivant la cause qui le produit. Quand il est à la partie externe, il vient plus aisément à suppuration. Lorsqu'il est à la partie interne, il n'a point d'issue, la matiére fuse, c'est-à-dire, se glisse tout du long de la gaine du Tendon, qu'elle pourrit. Voilà pourquoi on lui donne le nom de *Javar* dans la gaine du Tendon, il faut à celui-là, qu'il tombe une escare du Tendon même. Si l'on n'en arrête pas le progrès, la matiere tombe sous la Corne, jusques dans la boëtte du Sabot, pourrit le côté du Sabot dans lequel il tombe, ou oblige à l'emporter. Cette Corne peut bien revenir après, & c'est ce qu'on appelle *Avalure*; mais ce quartier n'est jamais si bon que l'ancien. Voilà pourquoi on a raison de dire, qu'un Cheval qui a fait pied neuf ou quartier neuf, n'est jamais si ferme.

Quand le mal gagne jusques dans le Sabot, il y a deux expédiens; le fer, & le feu.

Le fer, en levant avec le bistouri ou la feuille de Sauge, le quartier qui couvre le mal.

Quand on veut appliquer le feu, on rape la Corne, pour qu'il pénétre mieux, aussi-bien que des Onguens qu'on y doit appliquer. On met de haut en bas, une raie de feu, qui prenne sur le milieu
du

du mal, & descende jusques sur le Sabot, sur lequel on appuye fortement, sans s'effrayer du sang qui en pourroit sortir. On en applique une autre à côté, puis une autre, suivant l'étendue du mal, que la sonde a fait reconnoître; ensuite on met plusieurs boutons de feu sur la Couronne, mordant également sur la Corne comme sur la chair; & finalement un plus gros à l'endroit du mal, ce qui donne la fiévre au Cheval, mais elle ne dure pas, & quand le Cheval commence à manger & à ne plus souffrir tant, on peut le dessoler, pour donner écoulement au reste des mauvaises humeurs, ou eaux rousses, & faire reprendre nourriture au Pied. On met auparavant sur la Jambe de bonnes emmiellures.

Il est souvent nécessaire d'en

venir à cette opération, car pour l'avoir négligée, on a vû des Chevaux avoir la Hanche desséchée, & porter en boitant la Jambe trèshaut, & toute recourbée. Cette opération donne facilité aux eaux rousses & âcres de se dégorger, & fait comme un égoût sous le Pied, de sorte que l'on a vû la sonde entrer par-dessous la Corne, & sortir par la Couronne.

Si le Javar n'étoit pas encorné, on pourroit se contenter de le couper en croix par le milieu avec un coûteau de feu, après avoir coupé le poil fort près avec des ciseaux, & ajoûter une petite semence de feu tout autour.

Quand le Tendon est noirci, il faut de nécessité, qu'il en tombe une escare, parce que c'est une marque sûre qu'il est gâté; ainsi il n'y a aucun danger de le toucher légérement avec un coûteau de feu.

Ordinairement cette manœuvre guérit le Javar à l'endroit où il a paru d'abord, & il s'y forme une bonne cicatrice, mais un reste de pus qui se trouvera enfermé dessous, & qui se sera glissé dans l'interstice de quelque Membrane, forme un nouvel Abscès dans les environs. Procédez alors de la même maniere que devant : car le feu est le seul & le plus court remède du Javar nerveux. Il faut observer qu'on doit avant & après le feu, user d'Onguens émollients.

Quand le mal ne fait que commencer, & que c'est un Javar simple, les excrémens humains, appliqués dessus, le font venir à suppuration, ou bien on se sert de l'emmiellure blanche, ou du suppuratif, ou bien des Oignons

de Lys cuits dans la braife, &
pilés dans un mortier avec l'Huile
de Navette ou de Lin, ou telle
qu'on pourra l'avoir. Ou bien le
blanc d'un Poireau, battu & écra-
fé avec le plus vieux Oing, en
confiftence d'Onguent; en mettre
toutes les vingt-quatre heures, jufqu'à ce que le bourbillon foit forti.
Lorfqu'il eft forti, on lave la
playe avec Vin chaud & Beurre
frais.

Si ce n'eft qu'une atteinte nouvelle, & avec playe, & qu'elle
ne foit pas confidérable, écrafez
dans votre main une amorce de
poudre à Canon; la détrempez
avec votre falive, & en mettez
fur la playe. Ou bien lavez la
playe avec du Vin chaud où l'on
aura délayé du Miel; bandez la
playe, & donnez du repos pendant quelques jours : & même

pour toute playe simple, c'est-à-dire, où il n'y a pas de meurtrissure, déchirement ou brisement de parties au-delà de la playe, soit aux hommes, soit aux animaux, il suffit de la garantir des injures de l'air par une compresse de toile & un bandage convenable; & on prolonge souvent la guérison d'une playe en voulant y appliquer des remédes merveilleux.

Si cependant la playe avoit été négligée quelques jours, & qu'elle fût devenue sale & de mauvaise couleur, elle pourroit dégénérer en Ulcére sordide: en ce cas il ne suffiroit pas de la laver avec du vin mielé, il faudroit mettre dessus des plumaceaux chargés d'un digestif fait avec un quarteron de Thérébentine avec deux jaunes d'Œufs, & quelques cuillerées d'Eau-de-Vie, où l'on ajoûtera s'il paroît des chairs baveufes ou fongueufes, de l'Alum calciné; ou même, fi ce cauftique ne fuffifoit pas, du Sublimé corrofif. Il ne faut point y mettre le feu comme quelques-uns font; c'eft une mauvaife méthode, & on court rifque d'endommager le Tendon par l'efcare.

Il faut dans le cours des panfemens faigner & purger le Cheval, furtout s'il fe porte fur le mal une grande abondance d'eaux.

Onguent propre pour les Atteintes légéres & les Nerférures.

PRENEZ au mois de Mai des Vers de Terre, & les mettez dans un pot avec Saindoux & vieux Oing, & les y laiffez mourir. Gardez cet Onguent pour le befoin;

& quand vous voudrez vous en servir, après en avoir oint la partie malade, enveloppez-la d'une peau de Mouton non passée, & qui ait encore son suif. Cet Onguent est bon pour une atteinte sourde, où il ne paroît pas qu'il se forme de matiére.

Ce reméde est bon encore pour un Nerf féru de vieux.

On se sert aussi pour une atteinte sourde, c'est-à-dire, lorsqu'il y a contusion sans playe, du reméde suivant. Prenez Poivre battu avec suie de cheminée & quatre blancs d'Œufs, faites-en un mêlange; & appliquez ce reméde sur le mal, & l'enveloppez. Il ne faut point que le Cheval aille à l'eau jusqu'à ce qu'il soit guéri. Ce reméde est un bon restrainctif.

De l'Enchevêtrure.

L'Enchevetrure est une playe ou meurtrissure, que le Cheval se fait au Pâturon, pour se l'être pris ou dans la longe, ou dans une corde dans laquelle il s'entortille & se scie, pour ainsi dire, le Pâturon.

Il faut faire un Cataplâme avec deux onces de Thérébentine, un jaune d'Œuf, du Sucre, & de l'Huile d'Olive; mettez-le sur des étoupes, appliquez-le sur le mal, & le bandez. Lorsque la coupure est légere, ou même considérable, mais récente, le jaune d'Œuf seul appliqué dessus, & des compresses imbibées dedans posées pardessus, retenues par un bandage, & renouvellées au bout de vingt-quatre heures, suffisent pour procurer la guérison.

Le

Le reméde suivant est encore excellent pour les Enchevêtrures, les Meurtrissures, & coups de Pieds. Prenez un gros de Camphre, autant de Sel Armoniac, pilés ensemble dans un mortier, en y versant trois chopines d'Eau-de-Vie, bassinez-en la playe.

Si la playe a quelques jours, & que les chairs surmontent les bords de la playe, employez l'Onguent de Litarge, connu sous le nom d'*Onguent Nutritum*.

De la Forbure.

LA Forbure est une coagulation dans le sang, après une prompte suppression de transpiration, occasionnée quelquefois par un froid subit, le Cheval étant en chaleur; mais ordinairement après un travail long & outré, où les humeurs ayant été mises dans un grand mouvement, font un engorgement dans toutes les parties, qui cause de grandes douleurs à un Cheval, surtout aux Jambes, qui par leur situation attirent ces humeurs; & le ressort des Membranes & des Fibres de la peau dans ces parties, se trouve perdu par l'épuisement d'une longue & violente fatigue; ainsi cette peau prète comme un sac, & se gorge d'humeurs. C'est à ce signe principalement, joint aux douleurs universellement répandues par tout le Corps, en forme de Rhumatisme, que se reconnoît la Forbure.

Le Cheval a ordinairement dans ce mal les Oreilles froides, il ne peut plier les Jambes en marchant, & il ne les léve qu'avec peine; ce qui fait que ne pouvant rester long-tems sur ses Pieds, il cherche toujours à se coucher: lorsqu'il est levé, il recule de la mangeoire en tirant contre son licou, & si on le chasse en avant, & qu'on se retire ensuite, il revient dans la même posture.

L'enflure de la Jambe devient à quelques-uns si considérable, qu'elle cerne le Pied de dedans le Sabot, & le fait perdre. La fièvre s'y joint aussi quelquefois, ce qui rend la maladie très-dangereuse.

Un Cheval peut aussi devenir forbu dans l'Ecurie, pour ne rien faire & manger trop d'Avoine. Pareille chose arrive à ceux qui étant boiteux, sont obligés de demeurer plusieurs semaines appuyés sur une Jambe. Il y en a beaucoup qui deviennent forbus à l'armée, lorsqu'on est obligé de leur donner du Bled en vert, sur tout lorsque les Seigles sont en fleur.

La saignée est le reméde le plus efficace que l'on puisse apporter à cette maladie ; on saigne le Cheval des deux côtés du Col en même tems. Il faut tirer environ une livre & demie, ou deux livres de sang de chaque côté, & cela doit être fait dans le moment qu'on s'apperçoit de la Forbure : car s'il n'est traité brusquement dans les premieres vingt-quatre heures, il court risque d'être perdu.

Après la saignée, on lui fait avaler gros comme un Œuf de Sel commun, fondu dans une pinte d'eau de riviére, ou dans trois demi-septiers de son sang ; & on lui fait une onction sur les quatre Jambes avec une chopine de Vinaigre, autant d'Eau-de-Vie, un quarteron d'Essence de Thé-

DE CAVALERIE. 197
rébentine, & une poignée de Sel:
ayant soin de frotter particuliérement sur les gros vaisseaux.

Demi-heure après donnez un
lavement émollient, & deux heures après deux pilulles puantes
dans une pinte de Vin ; quatre
heures après deux autres des mêmes pilulles, & dix heures après
encore autant.

Ces pilulles se préparent, en
mettant en poudre parties égales
d'Assa fœtida, de foye d'Antimoine & de baïes de Laurier, que
l'on incorpore ensemble dans un
mortier, avec suffisante quantité
de Vinaigre ; on en fait des pilulles de quatorze gros, qui dimi-
nuent en séchant à l'ombre sur un
tamis de crin renversé. La dose
est de deux, dans du Vin, ou autre liqueur appropriée.

Il ne faut pas oublier de faire

fondre dans une cuilliere de fer, demi-livre d'Huile de Laurier, & l'appliquer bouillante dans les Pieds avec des étoupes & des éclisses, deux fois par jour pendant deux jours, pour conserver la Sole. Quand on n'a point d'Huile de Laurier, on y supplée par de la fiente de Vache fricassée avec suffisante quantité de Saindoux & de Vinaigre.

Comme les humeurs, qui engorgent les Jambes dans la Forbure, font un bourlet à la Couronne, qui dessoude quelquefois le Sabot, il faut l'éventouser, c'est-à-dire, donner quelque coup de flamme autour de la Couronne, pour faire couler la limphe & la sérosité abondante, & appliquer ensuite par-dessus un restrainctif composé avec suie de cheminée ou bol détrempé, & Vinaigre.

Il faut avoir soin de promener le Cheval de trois heures en trois heures ; ne fît-il que dix à douze pas à chaque fois, cela suffit.

Le lendemain réïtérez la saignée, & la même manœuvre, en ce qui se peut réïtérer.

Cette maladie est quelquefois compliquée, & s'il y a courbature, qui ne va guére sans grafondure, quoique vous y ayez apporté secours dès le premier jour, le Cheval est plus mal le troisiéme que le premier, & court un très-grand danger, particuliérement lorsque l'on voit autour des Genoux, des Jarrets, des Boulets & du plat des Cuisses, le poil se friser. Beaucoup de Chevaux même en périssent. Donnez en ce cas à votre Cheval un breuvage composé avec deux onces de Beaume de Copahu, demi-quarteron de sirop Rosat, & demi-once de Contrayerva dans trois demi-septiers de Vin.

Ensuite mettez-le au billot, que vous ferez avec Miel blanc & Sucre, de chacun un quarteron, & une once de Thériaque. Vous réitérerez l'usage de ces billots.

En cas que la fiévre & le battement de Flanc continuent, il faut avoir recours à l'eau Cordiale, & faire un grand usage de lavemens émolliens.

De la Crapaudine.

Il vient sur l'Os de la Couronne, à un demi-pouce au-dessus du Sabot, à la partie antérieure, tant de la Jambe de devant, que de celle de derriere, un Ulcére par où distille une humeur âcre & mordicante; c'est quelquefois le reste d'une atteinte, qu'un Cheval se sera donné. Cet Ulcére se nomme *Crapaudine*, jette une grande quantité d'eaux rousses, & le Cheval même en boite; en ce cas, servez-vous d'abord de l'emmiélure, & ensuite de l'Onguent noir pour dessécher.

Cet accident arrive plus communément à de gros Chevaux de tirage chargés de poil, & qui travaillent dans des boues, ou dans un terrain marécageux, qu'à des Chevaux de Selle, qui auront la Jambe fine & le poil ras. Cet accident est d'autant moins à négliger, qu'il dégénére souvent en *soie* ou *pied de Bœuf*.

Lorsque le reméde précédent ne paroît pas avoir donné de soulagement au bout de plusieurs jours, il faut avoir recours au feu, dont on applique trois raies, qui doivent descendre jusques sur le Sabot. Celle qui passe par le milieu de la Crapaudine, doit être appuyée par proportion un peu plus fortement que les autres; & après avoir donné le feu, vous appliquez dessus l'Onguent qui suit.

Prenez Thérébentine, Miel, Poix Résine, de chaque deux onces; Alum de roche en poudre, une once : mêlez le tout ensemble, & le faites fondre dans un pot, & en faites un Onguent avec lequel vous panserez la playe; & vous réïtérerez votre pansement pendant huit ou dix jours toutes les vingt-quatre heures. A chaque fois que vous panserez, vous aurez soin d'avoir un peu de Vin tiéde, & de Sucre fondu dedans, pour bassiner la playe; & lorsque le mal sera prêt d'être cicatrisé, vous vous servirez de cendres de favates brûlées, ou de l'Alum calciné, pour deffécher la playe, jufqu'à ce que la peau foit tout-à-fait revenue. Le poil reviendra comme auparavant.

Des Peignes & Grapes.

ON connoît de deux fortes de peignes, de féches & d'humides.

Les féches font une efpéce de galle farineufe, qui tombe du Pâturon & de la Couronne comme du Son fale & jaunâtre. Cette matiére fait hériffer le poil autour de la Couronne.

Les humides font une efpéce de galle, d'où fuinte une humidité âcre & puante, qui fait hériffer le poil de la Couronne, & deffèche quelquefois la Corne du Sabot, au point que la partie fupérieure qui en eft imbibée, devient éclatante, se casse, & fait boiter le Cheval.

On trouve aux environs des crevasses, par où suintent ces humidités, de petites glandes engorgées, comme des grains de Millet, les unes auprès des autres. Ces sortes de Peignes s'appellent *des Grapes*.

S'il y a du feu dans la partie, mettez l'emmiélure.

S'il n'y a point d'inflammation, coupez le poil avec des ciseaux le plus près de la peau qu'il vous sera possible, & ensuite frottez tout ce que vous aurez rasé, avec du Savon noir, ce que vous ferez soir & matin pendant huit ou dix jours; mais ayant soin une fois tous les deux jours de laver la partie affligée avec du Vin chaud, avant d'y remettre le Savon noir. Si le mal étoit opiniâtre, vous useriez au lieu de Savon noir, de parties égales d'Onguent de Pompholix, de Litharge & Néapolitanum : ou bien de l'Onguent suivant.

Prenez une livre de Miel, un quarteron de Noix de Galle, & deux onces de Couperose blanche, que vous ferez tiédir dans un pot, pour en frotter les Peignes. Ce remède peut être mis aussi en usage pour les Mules traversines.

Pour les Grapes, prenez une pinte de fort Vinaigre, demi-livre de verd de gris, une once de Couperose verte calcinée, une once d'Alum de roche, six Noix de Galle ; pulvérisez bien le tout, & le mettez dans un pot de terre bien bouché, & luté avec de la pâte ; mettez-le digérer dans le fumier chaud pendant huit jours ; ou bien faites-lui jetter un bouillon sur le feu; & lorsque vous voudrez vous en servir, coupez le poil, & en lavez le mal.

Ou bien, prenez une livre de Miel commun, trois onces de Verd de gris en poudre, avec la fleur de Farine de Froment; mettez le tout ensemble, & en posez sur le mal. S'il y a des Poireaux parmi les Grapes, il faut les couper avant d'y mettre l'Onguent; on en met de deux jours l'un, pendant une quinzaine de jours, sans mouiller les Jambes.

Dans tous les maux de Jambes, & même dans tous les maux qui sont à portée de la Bouche du Cheval, il faut prendre garde, qu'il n'y porte la dent; car rien n'envenime plus une playe, que de la gratter; & un mal très-léger, faute de cette attention, devient quelquefois incurable : c'est pourquoi il faut ou le lier très-court, ou lui mettre le colier.

Ce mal vient plus communément aux Chevaux, qui ont les Jambes chargées de poil, qu'aux autres, particuliérement lorsqu'ils sont exposés à travailler dans les boues, & qu'on n'a pas une attention extrême de leur laver les Jambes, & le dedans des Pâturons, avant de rentrer à l'Ecurie.

Matiére souflée au poil.

ON appelle *Matiére soufflée au poil*, quand à la suite d'une encloueure négligée, ou Abscès dans le Sabot, la matiére ne pouvant se faire jour par la Sole, ni par aucune autre partie, remonte par la partie supérieure du Sabot, court tout autour de la Couronne,

& y fait un bourlet, ce qui peut cerner entiérement le Petit-pied dans sa boëte, & le carier; ce mal est par conséquent très-dangereux.

Il n'y a point d'autre reméde que de dessoler le Cheval, & de mettre deux ou trois raies de feu sur le bourlet, pour le percer, & en faire sortir le pus, & en donnant issue à la matiére, empêcher qu'elle ne gagne le dedans du Sabot.

De l'Encastelure.

ON appelle *Pied Encastelé*, celui dont les quartiers sont trop serrés près du Talon; ensorte que les ligamens & les Tendons, qui environnent le Petit-pied, se trouvant serrés dans une demeure si étroite, le Cheval boite, & ne peut

DE CAVALERIE. 209

peut marcher. Comme c'est souvent par une ferrure mal entendue, que les Chevaux contractent ce mal; aussi une ferrure bien ordonnée communément les rétablit.

Ces sortes de Pieds ont ordinairement la Fourchette étroite & desséchée, & sont plus sujets que les autres aux bleimes & aux seimes; & quand ils sont guéris, ils sont sujets à retomber dans ces mêmes accidens, si l'on ne prend les précautions convenables pour les prévenir: il faut les entretenir dans l'humidité, autant que l'on peut, parce que la Corne venant à se relâcher, met le Pied beaucoup plus à son aise. L'Onguent de Pied, dont voici la description, est aussi excellent pour ces sortes de Pieds, & pour faire croître la Corne, la nourrir, &

III. Part.   S

empêcher qu'il ne vienne des seimes, & autres accidens au pied.

Onguent de Pied.

Cire jaune, Poix Résine, Poix grasse, Colofane, Suif de Mouton, Saindoux, Miel, Thérébentine, Huile d'Olive : il faut prendre de chacune de ces drogues une demi-livre ; les fondre en Onguent dans un pot de terre, à petit feu, l'espace d'environ une heure. Il faut que le pot où le chaudron soient assez grands, de peur qu'en cuisant, les drogues ne sortent, & lorsqu'elles commencent à ne plus s'élever, & qu'il ne paroît plus d'écume, l'Onguent est fait : il se garde tant qu'on veut. Afin qu'il opére bien, il faut en frotter le Pied autour de la Couronne, environ deux doigts en descendant, entourer ensuite la partie avec une lisiére, pour conserver & faire pénétrer l'Onguent. Il ne faut pas trop serrer la bande, parce que la Corne venant à s'amollir par l'effet du reméde, il se formeroit un cercle à l'endroit du bas de la lisiére, qui empêcheroit la Corne d'être unie.

Pour empêcher que les Pieds de devant ne se desséchent à l'Ecurie, il faut les frotter deux fois la semaine avec cet Onguent, & il n'est point besoin de lisiére, quand ce n'est que pour entretenir & nourrir la Corne.

Voici encore un autre Onguent de Pied qui se fait à peu de frais. Une livre de Tare ou Gaudron, une livre de Saindoux, demi-livre de Miel ; le tout incorporé ensemble & mis dans un pot de terre vernissé, pour s'en servir au besoin.

Après s'être servi pendant plusieurs jours de quelques-uns de ces Onguens, mais particuliérement du premier, pour amollir toute la Corne du Sabot, si les Talons sont extraordinairement serrés, il faut faire une autre opération pour les élargir : voici en quoi elle consiste. Il faut faire parer le Pied, & particuliérement les Talons, mais à plat seulement, & ne point attendrir la Corne avec le fer chaud, comme font les Maréchaux communément, pour avoir plus de facilité à couper la Corne, & se bien garder de creuser les Talons, & de séparer les quartiers d'avec la Sole, ce qui leur donne occasion de se renverser encore davantage. Ensuite avec une reinette vous faites trois ou quatre raies à un petit travers de doigt l'une de l'autre, sur les quartiers, creufant depuis la Couronne jufqu'au bas du Sabot, jufqu'au vif; & vous rempliffez enfuite ces raies d'Onguent de Pied pour les amollir, & vous en couvrez le Sabot, & même le dedans du Pied, qu'il faut ferrer avec un fer à pantoufle, pour que les quartiers foient chaffés en-dehors par la forme de ce fer à mefure que la Corne recroîtra, ce qui fera élargir les Talons.

Si le Cheval eft encaftelé de vieux, & que les remédes ci-deffus, n'ayent pas réuffi; le plus court eft de le deffoler, & de fe fervir du dernier fer ci-deffus décrit.

Fourchette neuve.

ON appelle *Fourchette neuve*, lorfque la Corne de la Fourchette venant à fe pourrir, il en repousse une autre à la place, ce qui rend cette partie sensible & douloureuse, & fait souvent boiter un Cheval. Cela arrive ordinairement aux Chevaux d'Espagne & aux Barbes, qui ont le dedans des Pieds fort creux ; & lorsqu'on est long-tems sans les ferrer, la Fourchette se pourrit : c'est pourquoi il faut leur parer la Fourchette tous les mois ou cinq semaines, pour prévenir cet accident. Pareille chose arrive aussi aux Chevaux de Carosse, qui ont le Pied plat & la Fourchette grasse, laquelle est aussi sujette à se pourrir : il est à craindre à ceux-ci, qu'il ne s'y forme un fic, maladie dangereuse, dont nous parlerons dans la suite.

Pour remédier au Pied d'un Cheval, qui a la Fourchette pourrie, il faut, après lui avoir bien paré

& nettoyé la Fourchette, se servir d'eau seconde pour dessécher la partie, ou bien du dessicatif suivant.

Une once de Couperose verte, deux onces de Litarge d'or, une once de Noix de Galle, demi-once de Verd de gris, & demi-once de Vitriol de Chipre, le tout en poudre, & infusé à froid dans une chopine de fort Vinaigre, l'espace de quatre à cinq jours avant de s'en servir. Plus cette composition vieillit, meilleure elle est. Elle est encore excellente pour dessécher toutes les mauvaises humeurs qui tombent sur les Jambes des Chevaux.

On peut faire une eau Stiptique avec une once de Cantharides, autant de Verd de gris, & deux onces de Céruse en poudre, que l'on mêlera dans une pinte d'Eau-de-Vie, & chopine de Vinaigre. Elle sert au même usage.

De l'Ognon dans le Pied.

L'Ognon est une grosseur, qui vient entre la Sole & le Petit-pied; c'est ordinairement un reste de Forbure ou meurtrissure, quelquefois une goutte de sang meurtri ou extravasé, qui au lieu de suppurer, se desséche sur la Sole, & y forme une espéce de durillon.

On dessole d'abord le Cheval, & avec une feuille de Sauge, ou un bistouri, on le détache & on panse la plaie comme à un Cheval dessolé de nouveau.

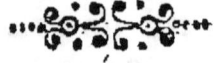

Du Cheval dessolé de nouveau.

Apre's l'avoir laissé saigner, il faut mettre de la Thérébentine pure sur de la filasse.

Il faut remarquer ici que tous les Auteurs, & la plûpart des Maréchaux recommandent, après avoir appliqué les étoupes, de bien presser & serrer l'appareil, de crainte que les chairs ne surmontent; ce qui est fort mal, car si la compression est plus forte qu'il ne convient, c'est précisément ce qui les fait surmonter, par l'inflammation que cette pression cause dans la partie; & si elle est outrée, les chairs ne surmontent pas à la vérité, mais la mortification & la gangrene s'y mettent. On peut faire d'autres digestifs, si le cas le requiert. On appelle

Digestif, une composition molle, & de la consistance de l'Onguent, faite ordinairement avec des Huiles, des Baumes, & des adoucissans, pour calmer la douleur, faire revenir les chairs, déterger les Ulcéres, & mondifier le pus. Ce qui est décrit au Chapitre de l'Atteinte & du Javar, peut servir ici avec les mêmes précautions. On peut, si on veut le rendre détersif, y ajoûter du Miel.

Il faut après avoir fait le pansement de la Sole, appliquer autour du Pâturon & de la Couronne un défensif, que l'on fait avec deux livres de suie de cheminée, demie livre de Thérébentine, autant de Poix grasse, & autant de Miel, six jaunes d'Œufs, & environ une pinte de Vinaigre. On applique ce mélange sur des étoupes, dont on environne le Pâturon & la Couronne, pour défendre cette partie contre l'inflammation. Il faut le continuer huit ou dix jours, & employer après l'Onguent de Pied autour du Sabot.

De la Bleime.

Si l'on ne remédie pas à tems à l'Encastelure, il arrive quelquefois une meurtrissure dans le Sabot par la longue compression des parties qui y sont enfermées. La même chose pourroit arriver par quelque chûte ou par quelque coup, que le Cheval se seroit donné sur la Sole.

Il n'y a aucune différence à faire entre la Bleime & le Javar, quand la Bleime est ancienne : car on distingue trois sortes de Bleimes, comme de Javars; sçavoir, la simple contusion ou meurtrissure sous le Pied ; la Bleime nouvelle, & où le Tendon souffre altération ; & l'Encornée ou ancienne, lorsque la matiére soufle au poil. Cependant dans la Bleime encornée, on trouve plus fréquemment un Os de graisse ou filandre. On appelle *Os de graisse* une matiere endurcie & congelée, soit par un sang extravasé, coagulé & desséché, soit par de la graisse & des parties tendineuses, fondues & mastiquées autour de quelque filandre, détachée intérieurement de la Corne. En un mot, c'est une escare de quelqu'une des parties contenues dans le mal, qui est pourrie, & doit nécessairement sortir par suppuration : le siége de la Bleime est sous le Petit-pied, & celui du Javar, comme nous avons dit, dans tout le Pâturon ; c'est la seule différence que l'on puisse faire.

Pour la Bleime nouvelle, on ne dessole pas le Cheval; on se contente de faire bien parer le Pied jusqu'au vif, pour découvrir la contusion, qui paroît au travers de la Corne, rouge, & de la largeur d'une piéce de douze sols, quelquefois plus, & faire sortir le sang extravasé; & ensuite mettre de l'Essence de Thérébentine avec de l'Eau-de-Vie; ou bien fondre sur la partie de la Cire d'Espagne, après l'avoir parée de même. S'il y a suppuration, & que le trou pénétre jusqu'au Tendon, le plus court est de dessoler le Cheval, de peur qu'il ne se fasse un renvoi à la Couronne, & que la matiére ne souffle au poil, ce qui gâteroit le Tendon. Après quoi on traite le mal comme il est dit à la fin du Chapitre du Cheval dessolé de nouveau.

Des Seimes.

La Seime est une fente dans les quartiers du Sabot, laquelle s'étend quelquefois depuis la Couronne jusqu'au fer; ce qui arrive plus communément aux quartiers de dedans, comme les plus foibles; & aux Pieds de devant, comme les moins exposés à l'humidité, laquelle est le préservatif de cette maladie.

Cet accident est causé par l'aridité de la Corne, qui s'est desséchée, ou pour avoir marché sur des sables brûlans, ou sur un terrain dur dans la gelée; ou bien par la mauvaise habitude, qu'ont certains Maréchaux, de creuser trop le Pied d'un Cheval; ce qui l'affoiblit; ou en le parant, de brûler la Corne avec le fer rouge avant de parer; car cela affame le pied d'un Cheval, & est capable de le ruiner.

La Seime saigne quelquefois; parce que le Cheval, posant son Pied par terre, la Corne fendue s'entr'ouvre, & en se resserrant, lorsque le Cheval reléve le Pied, elle pince la chair qui environne le Petit-pied.

Il est des Chevaux qui ont les Pieds de derriere fendus par le milieu de la Pince. Cet accident, que quelques-uns appellent *Soie*, arrive plus fréquemment aux Mulets qu'aux Chevaux. Ces sortes de Pieds se nomment, par ressemblance, *Pieds de Bœuf*. Les Chevaux Rampins y sont plus sujets que les autres. Cette maladie arrive même quelquefois aux Pieds de devant, par la foiblesse de la Sole, ou pour n'avoir point de Corne en Pince.

Il est encore une autre espéce de Seime ; mais qui est fort rare. C'est une fente qui vient à la partie interne dans un des Pieds de derriere, entre la Corne & la Sole. On ne la peut connoître, qu'en parant le Pied, parce qu'on apperçoit la fente à l'extrémité de la Corne. Cette maladie ne vient ordinairement qu'aux Chevaux des Pays Méridionaux, comme Barbes, Espagnols, &c. C'est pourquoi, il est d'une conséquence extrême d'avoir soin de nourrir le Pied avec de l'Onguent autour du Sabot ; & de le rafraîchir par-dessous avec de la fiente de Vache, ou de la terre glaise détrempée, surtout à des Chevaux qui sortent peu, ou qui travaillent l'Eté dans de grandes sécheresses.

Quand ces accidens sont trop considérables, le plus court est de deſſoler le Cheval, & ſi les chairs ſurmontent par la crevaſſe, on trempe dans de l'Eau-forte un petit bourdonnet de charpi, que l'on introduit dans la crevaſſe; on peut auſſi au lieu d'Eau-forte, ſe ſervir du Sublimé, comme pour les Sur-os. Si les chairs ne ſurmontent point, on lave la Seime avec de l'Eau-de-Vie, & on y met un plumaceau avec un bandeau; on fait enſuite ferrer le Cheval avec un fer, qui ait un pinçon de chaque côté au deuxiéme clou.

Si la Seime ne faiſoit que commencer, on appliqueroit horiſontalement ſur le haut du Sabot une S de feu; par ce moyen on arrête le progrès de la Seime, comme par une eſpéce de lien, parce que la nouvelle Corne ou avalure qui s'y fait, eſt plus ſouple & moins éclatante. Mais ſi la fente est considérable, il faut appliquer la même S de feu, de distance en distance, & toujours horisontalement (ᴄᴏ) jusqu'au bas de la Seime : on applique ensuite dessus de l'Onguent tout chaud, composé de Poix noire, Thérébentine, Colofane, & Saindoux, parties égales & fondues ensemble ; on lui en remet deux jours après, & ainsi de suite pendant huit à dix jours. Il faut pendant tout ce tems, tenir le Sabot enveloppé & graissé d'Onguent de Pied.

En parant le Pied, il faut faire un siflet sous la Seime. On appelle *Siflet*, une espéce de gouttiére que l'on fait sous le Pied à l'endroit où se termine la Seime, afin que la réunion puisse se faire plus aisément.

Il y a des personnes qui préférent le reméde suivant à l'S de feu, & l'assurent excellent. C'est de faire bouillir de l'Arsenic dans de l'Huile de Noix, & l'appliquer toute bouillante sur la Seime, par le moyen d'un petit morceau de linge que l'on attache au bout d'un bâton, & que l'on trempe dans l'Huile bouillante.

De la Solbature & des Pieds douloureux.

L'on peut rapporter la Solbature à la Bleime de la premiere espéce ; c'est-à-dire, à la meurtrissure ou contusion sous le Pied ; c'est pourquoi il est bon de prévenir ce mal dans son principe, aussi-bien que l'autre. Celui-ci arrive au Cheval, ou pour avoir marché à nud, ou parce que le fer portoit trop sur la Sole. Quand cela vient du fer, on le remarque aisément, parce que le fer est lisse à l'endroit où il a porté sur la Sole. Le Cheval qui en est incommodé le fait aisément connoître, parce qu'ayant les Pieds douloureux, & ne pouvant se soûtenir dessus, il aime mieux se coucher, que de manger; se portant bien à cela près. On s'en assûre encore en tâtant la Sole qui se trouve chaude, & en la pinçant légérement tout autour avec des Triquoises, parce que le Cheval feint aussi-tôt que l'on presse l'endroit douloureux.

Il faut apres l'avoir déferré mettre dans le Pied une emmiélure composée avec Poix noire, Saindoux ou vieux-Oing, que l'on fait fondre avec un peu de Thérébentine, & que l'on applique chaudement.

Il y a des Chevaux, qui, ayant

la Sole mince, ont les Pieds sensibles & douloureux au moindre choc ou travail. Quand ils sentent du mal, mettez-leur dans le Pied deux Ognons cuits dans la braise, tout chauds, & de la fiente de Vache ou de Cheval par-dessus, de façon que cela tienne.

De l'Etonnement de Sabot.

CETTE maladie est des plus longues que puisse avoir un Cheval, des plus difficiles à traiter, & même à connoître.

Une humeur maligne qui environne les chairs qui sont autour du Petit-pied, & lui ôte son appui en rongeant toutes les adhérences, peut être la cause de cette maladie : c'est pourquoi on voit cet accident arriver dans la Forbure; mais on en voit aussi sans

Forbure, à l'occasion d'un coup reçû sur le Sabot, ou d'une chûte violente.

Il faut saigner à la Pince du Pied malade, & mettre des emmiélures dans le Pied comme à la Solbature, pour empêcher que la Corne ne se desséche, & un restrainctif sur la Couronne avec la Suie, ou le Bol & le Vinaigre; ou bien avec la Thérébentine & le Miel : s'il n'y a pas d'amandement au bout des vingt-quatre heures, dessolez le Cheval, & continuez toujours les restrainctifs sur la Couronne.

Des Teignes.

La Fourchette est quelquefois criblée, comme si elle étoit vermoulue, & tombe par morceaux en pourriture. Le mal venant à pénétrer jusqu'au vif, le Cheval a des démangeaisons si grandes, qu'il lui arrive d'en boiter. On s'apperçoit aisément de ce mal, en ce que les Chevaux, qui en sont atteints, trépignent beaucoup, croyant se soulager; & que ce mal jette dans toute l'Ecurie une forte odeur de Fromage pourri. Ce mal s'appelle *les Teignes*, parce qu'il y a une espéce de Vers qui piquent le bois, de la même maniere que la Fourchette de ces Chevaux est vermoulue.

Il faut bien parer la Fourchette & la laver avec de l'Eau-de-Vie, ou du Vinaigre chaud, où l'on aura éteint un morceau de chaux vive; & appliquer par-dessus le restrainctif fait avec les blancs d'Œufs, la Suie & le Vinaigre.

De l'Encloueure.

Un Cheval peut être piqué non seulement d'un clou de rue, mais d'un chicot dans un bois, ou d'un éclat de verre, ou d'un têt de pot cassé, ou autres choses semblables, qui se rencontrent dans les rues, & qui percent le dessous du Pied; mais comme le Pied est composé de différentes parties, dont il y en a, qu'il est plus dangereux d'offenser l'une que l'autre, cela fait distinguer différentes espéces d'Encloueures : l'Encloueure simple & la compliquée. On appelle *Simple*, celle qui n'a fait qu'ouvrir la Sole, & a pénétré peu avant dans les chairs qui sont entre la Sole & le Petit-pied : *Compliquée*, celle qui non-seulement a percé la Sole & les chairs qui sont dessous;

deſſous ; mais encore la Pince du Petit-pied, ou le corps même de cet Os, qui s'en trouve quelquefois éclaté. Cette derniere eſt la plus dangereuſe; car ſi l'Os eſt éclaté, il n'y a Onguent ni médicament qui puiſſe le guérir, ſans qu'il en tombe une eſquille, & par conſéquent ſans deſſoler le Pied; ce qui n'arrive point, ſans qu'il ſe forme des filandres ou Os de graiſſe, & preſque tous les mêmes accidens décrits au Javar. Si l'Os n'eſt point éclaté; mais que les Tendons qui vont juſqu'à la Pince de l'Os du Petit-pied ſoient offenſés, & que le trou ſoit rebouché; le mal travaille ſourdement, & il ſe fait une ſupuration entre l'Os & la Corne, qui peut faire en peu de jours des progrès d'autant plus grands, que l'on tardera davantage à donner

III. Part. V

issue à la matiére, qui, ainsi enfermée, soufflera au poil, & pourrira tout le Pied.

Il faut observer que l'Encloueure est d'autant plus dangereuse, qu'elle est plus proche de la Pince ou de la pointe de la Fourchette, parce que vers la partie antérieure du Pied, il n'y a aucun intervalle entre la Sole & l'extrémité du Tendon d'Achiles : tout au contraire, derriere la pointe de la Fourchette, on a vû des clous entrer dans la Sole, & percer de part-en-part les Talons, & sortir vers le pli du Pied, & de l'Os de la Couronne, sans qu'il en soit arrivé aucun accident, parce que le clou n'avoit rencontré, ni pû rencontrer de parties tendineuses, & n'avoit percé que des parties graisseuses.

Dès qu'on s'apperçoit qu'un Che-

DE CAVALERIE. 235
val est encloué; il faut tirer le clou ou le chicot; & si le Cheval boite, tâcher sur le champ d'agrandir l'ouverture, & faire fondre dedans quelques gouttes de Cire d'Espagne, si l'on n'a rien de mieux à y appliquer dans le moment : si le Nerf n'est point piqué, ni le Petit-pied offensé, cela peut suffire ; mais si le Nerf étoit offensé, cela ne doit servir qu'en attendant qu'on puisse avoir du Baume, dont voici la composition. Prenez six onces d'Huile de Pétrole, douze onces d'Essence de Thérébentine, & une poignée de fleurs d'Hypericum, & mettez-les ensemble dans une bouteille de verre double ; exposez-les au Soleil pendant six semaines, & gardez pour le besoin. On fait chauffer un peu de ce Baume, & on en verse dans le trou que l'on bouche avec

du coton; on met une rémolade par-deſſus, & on ferre à quatre cloux ſeulement. On peut encore faire fondre de l'Onguent de Pied, & en verſer chaud dedans le trou, ou bien l'Huile de Thérébentine: le ſuivant eſt un peu plus efficace, ſurtout s'il y avoit pourriture. Mettez infuſer un gros de Vitriol Romain en poudre dans une pinte d'Eſprit de Vin, ou d'Eau-de-Vie.

Autre Reméde. Prenez Aloës Soccotrin & Sucre, de chaque demionce; mettez le tout en poudre fine, & mêlez avec trois onces d'Huile de Thérébentine. S'il y avoit quelque filandre au fond de la playe en cas que l'Encloueure fût vieille, on y mettroit un peu de Sublimé en poudre : obſervant toujours de mettre de l'Onguent de Pied autour du Sabot, & le défenſif avec la Suie, le Vinaigre

& le blanc d'Œuf autour de la Couronne, de crainte que la matiére ne fouffle au poil, & ne deffoude le Sabot.

Autre Reméde. Prenez Vitriol blanc, Vitriol Romain ou de Hongrie, Verd de gris, le tout en poudre ; de chacun une once : mettez le tout dans un pot de terre, & verfez deffus une pinte du meilleur Vinaigre, & une poignée de Sel. Vous ferez bouillir le tout à petit feu, jufqu'à ce qu'il foit réduit à moitié ; vous verferez de cette liqueur dans le trou de l'Encloueure, & mettrez pardeffus de la filaffe, & quelques écliffes, pour tenir ladite filaffe. Ce reméde eft un des meilleurs.

On fe fert auffi pour les cloux de rue du Baume de Madame Fueillet ; en voici la recette. Prenez demi-livre d'Huile d'Olive la meilleure, demi-once d'Huile de Geniévre, trois gros d'Essence de Gérofle, deux gros de Vitriol bleu en poudre, autant d'Aloës Soccotrin en poudre, & autant de Thérébentine de Venise la plus claire; mettez le tout dans un pot de terre neuf, remuez-le pendant trois quarts d'heure; laissez-le bouillir un quart d'heure, puis rafroidir; mettez-le ensuite dans des bouteilles. C'est un reméde dont on s'est servi avec beaucoup de succès, même pour des playes sur les Hommes : on s'en sert comme du précédent.

Moins un Maréchal peut se servir de la sonde & mieux c'est: sous prétexte de chercher le mal, on en fait un réel.

Article II.

Des Maladies du Corps.

De la Fievre.

La Fiévre est une accélération dans le mouvement du sang, durable, causée, ou par une compression plus forte du cœur & des artéres, ou par l'augmentation de son volume, ou par le mélange de quelque nouveau principe qui le rend plus actif ; ou par tous les trois ensemble.

Comme cette maladie précéde, accompagne, ou suit ordinairement toutes les autres, nous la mettons la premiere.

On distingue en général deux sortes de Fiévres ; sçavoir, la Fiévre Essentielle, & l'Accidentelle ou Symptomatique.

Quand la Fiévre est la suite d'une autre maladie, on l'appelle *Symptomatique*. Quand elle fait elle-même les principaux accidens, c'est-à-dire, que les principaux accidens disparoissent quand la Fiévre cesse, ou qu'il n'y en a point d'autre que la Fiévre même, on l'appelle *Premiere*, ou *Essentielle*.

C'est la Fiévre, essentiellement Fiévre, ou Fiévre réglée, que nous voulons décrire ici. On la reconnoît à plusieurs signes. Le Cheval est dégoûté, a la Tête pesante & immobile, les Yeux sont tuméfiés, il les ouvre avec peine, il les a remplis d'eau, les Lévres pâlissent, & tout le Corps paroît flasque ; les Testicules pendent, son haleine brûle & sent mauvais, & l'on s'apperçoit d'une chaleur excessive partout le Corps, jusqu'au qu'au bout des Oreilles ; il bat du Flanc, il paroît insensible aux coups, & il est si chancellant, qu'il semble devoir tomber à chaque pas. Est-il tombé ou couché, il a de la peine à se relever, à moins que ce ne soit dans la violence de l'accès d'une Fiévre chaude : car dans celle-ci, c'est tout le contraire ; il se roidit, il se débat, & s'agite violemment dans le frisson ; les Dents lui craquent & il tremble par tout le Corps. Lorsque la Fiévre est violente, les crins s'arrachent facilement, & il paroît à la racine une espéce de petit bouton blanc ; & quand elle a duré quelque tems, on lui trouve la Bouche pleine d'Ulcéres.

On distingue cinq espéces particuliéres de cette espéce, les voici. L'Héphémere, ou de 24. heures, la Tierce, la Quarte, la Continue, & la Pestilentielle.

L'Héphémere est une Fiévre qui ne dure que vingt-quatre heures, ou du moins qui ne dure pas deux jours entiers. Cette Fiévre n'a point, ou a peu de frisson; elle est violente dans ses accidens, aussi vient-elle toujours de cause violente, comme de trop de fatigue, d'un trop grand chaud, d'un trop grand froid, de coups, de faim, de soif, de blessures, &c. Suivant les causes, on y apporte différens remédes. Le repos, à la fatigue; une chaleur douce, au grand froid; les rafraîchissans, au grand chaud; la nourriture légére, à la faim; la boisson, à la soif; les onctions adoucissantes, aux blessures & meurtrissures, &c. Cette Fiévre ordinairement n'est pas dangereuse; mais comme on ne peut pas prévoir dès le premier jour si elle finira au bout des vingt-quatre heures, il est bon de ne la pas négliger, comme telle.

La Fiévre Tierce se reconnoît à son retour périodique de jour à autre, c'est-à-dire, qu'elle laisse un jour de bon, & le suivant l'accès revient, & ainsi des autres.

La Quarte laisse deux jours de bon, & revient le jour suivant; ensorte qu'il y a deux bons jours entre deux mauvais, & un mauvais, entre quatre bons.

La Continue n'a point de relâche; mais a quelquefois des redoublemens à chaque jour. Celle-ci est très-périlleuse pour les Chevaux, & est la plus commune. Quand cette Fiévre dure plus de trois jours sans intermission, elle est fort dangereuse.

La derniere enfin, est la Fiévre Pestilentielle ou Epidémique, laquelle infecte des Provinces entiéres, ou tout un Camp. Elle se connoît par la promptitude avec laquelle elle se communique d'abord aux Chevaux de la même Ecurie, puis à ceux du canton, & par la promptitude avec laquelle ces Animaux périssent. C'est pourquoi il est difficile de réchaper les premiers qui en sont attaqués ; mais ils donnent des avertissemens pour les autres.

Voici les remédes que l'on employe pour la Fiévre. Il faut saigner le Cheval des deux Flancs, ou au Col, & deux heures après lui donner un lavement, composé avec Catholicon, Miel & Huile d'Olive, dans une décoction de Mauves & de Chicorée Sauvage ; le laisser bridé toute la nuit ; & s'il y a râlement, il faut le mettre au billot la tête basse, & ne le laisser manger de vingt-quatre heures ; on réïtére l'usage du billot de trois heures en trois heures, pendant un quart-d'heure chaque fois.

S'il n'y a point de râlement, on lui donne, avant que de le mettre au billot, demi-livre de bon Miel blanc ou de Narbonne dans demi-septier de Vin blanc ; & on lui fait prendre tous les deux jours deux onces de Baume de Copahu dans une chopine de Vin, avec un quarteron de Sirop de Roses.

Il faut lui mettre devant lui un seau d'eau blanche avec du Son, ou bien avec de la Farine d'Orge, qui est la meilleure, & lui renouveller cette boisson deux fois le jour, ayant soin de bien laver le seau à chaque fois, le tenir chaudement si c'est en Hiver, & en Eté dans un endroit tempéré; surtout grande litiére sous lui, afin qu'il puisse se reposer, ce qui seroit un bon signe : car tant qu'un Cheval ne se couche point, il est toujours en danger.

Du Farcin.

CETTE maladie, est une corruption générale de la masse du Sang, qui se trouvant appauvri des parties Balzamiques, & aigri par une humeur âcre & corrosive, cherche à se dépurer à l'extérieur du cuir sous la forme de boutons, qui à la fin se crévent d'eux-mêmes. Cette maladie doit être regardée comme une maladie de la peau, lorsqu'il n'y a point de pourriture intérieure; & en ce cas elle est facile à guérir, & peut être regardée comme la Galle des hommes. Lorsque la malignité de l'humeur a attaqué en même tems les organes intérieurs & les principaux Viscéres, le Farcin devient souvent incurable.

Le Cheval peut gagner cette maladie par un trop long repos après un grand travail; par une trop grande nourriture après une maladie, où il n'aura été ni saigné, ni purgé; pour avoir reçu des coups ou des playes, qu'on aura négligé de panser; pour avoir mangé de l'Avoine nouvelle ou du Foin nouveau; pour avoir approché d'autres Chevaux infectés de cette contagion; ou par un reflux d'humeurs, dont on aura supprimé l'écoulement, &c.

Quand cette maladie ne vient point de l'intérieur, ou qu'elle ne fait que commencer, il paroît seulement quelques boutons volants à différentes parties du Corps ; car il n'y en a pas une d'exempte. Cette espéce n'est pas difficile à guérir. Toutes les autres sont très-rebelles aux remédes, pour ne pas dire mortelles ; ainsi il est inutile de les distinguer comme ont fait quelques Auteurs, en rouges, jaunes, blanches & noires, puisque d'une façon ou d'autre elles sont également difficiles à guérir ; & que les Farcins cordés, à Cul de Poule, en Couillon de Coq, Mouchereux, Biurques, Taupins, &c. ne sont que différentes figures ou métamorphoses d'un même mal.

Cette maladie attaque ordinairement les Tendons ; quand elle ne les attaque pas, on la regarde comme Farcin volant. Ce mal veut être traité, & par le dedans, & par le dehors.

Il faut commencer par saigner le Cheval au Col; & si il est fort chargé de Farcin, ou qu'il soit invétéré, on réitérera la saignée une ou deux fois. On le mettra en même-tems à l'usage du Son & de la Paille de Froment pour toute nourriture, & à l'eau blanche pour toute boisson : ensuite on le purgera avec une once & demie d'Aloës, & une once de Sené en poudre, infusés à chaud dans une bouteille de Vin blanc; au lieu de la poudre de Sené, on peut employer une once d'Hiera Diacolocynthidos, ou deux onces de Confection Hamech, que l'on délayera dans la bouteille de Vin, où l'on aura fait infuser l'Aloës la veille. Il ne faut donner cette médecine qu'après avoir préparé pendant quatre jours le Cheval par des lavemens de Mauves.

de Guimauve, de Bouillon blanc & de Joubarbe, dans chacun desquels on ajoûtera une once de Sel de Prunelle, & dont il prendra trois par chaque jour. En donnant cette médecine, il faut qu'il y ait dix à douze heures que le Cheval n'ait bû ni mangé; & il faut qu'il reste autant de tems après à jeun : & le jour qui suit la purgation, on commence à le mettre à l'usage des Poudres suivantes. Prenez Azarum, Sassafras, & Galanga, de chaque un quarteron; pilez le tout, & le passez au travers du tamis fin, & en donnez demi-once le matin & autant le soir dans le Son.

On peut lui donner le sur-lendemain de la purgation, les Pilules suivantes. Prenez Mercure coulant, & Soulfre en poudre, de chaque deux onces : mettez le tout dans un mortier de Marbre, & broyez continuellement sans piler, jusqu'à ce que tout le Mercure soit uni avec le Soulfre, & qu'il ne reste qu'une poudre noire : vous-y mêlerez ensuite deux onces d'Aloës Soccotrin en poudre, que vous incorporerez dans un Sirop fait avec deux onces de Manne dans suffisante quantité d'eau, & que vous roulerez ensuite sur de la Réguelisse en poudre, pour en faire des Pillules de la grosseur que vous voudrez, & que vous ferez avaler au Cheval, avec un verre de Vin à chaque, pour qu'elles passent plus aisément, & qu'elles se délayent dans l'Estomach du Cheval. On réitérera ces Pillules trois ou quatre fois tous les quatre ou cinq jours, suivant la force du Cheval, & l'effet du reméde.

Quand il y a des boutons épanouis en Rose, on fait une composition de Poudres, que l'on applique dessus avec une spatule.

Prenez un demi-quarteron de Sublimé, une once de Couperose blanche, une once de Vitriol bleu, une once de Verd de gris, & deux gros de Poivre, le tout en poudre fine passée au tamis; mêlangez-les bien pour le besoin. On renouvelle l'application de cette poudre au bout des vingt-quatre heures, & on lave les jours suivans avec de l'Oxycrat, pour ôter la puanteur.

Si les boutons ne séchent pas par le reméde ci-dessus, il faut prendre un fer chaud, tout rouge, & percer les boutons, surtout ceux qui sont au Jarret, au milieu & jusqu'au fond; introduire ensuite dans chaque trou un petit morceau de Sublimé corrofif, & boucher les trous avec du Soulfre, en le faifant fondre, afin que le Sublimé ne forte pas; ce qui fera tomber les boutons de Farcin: & pour les faire entiérement fécher, on doit les laver avec de l'Urine de Vache, ou avec la Lefcive fuivante.

Prenez trente ou quarante Pommes fauvages, & les pilez; mettez-les avec huit ou dix livres de cendres de Sarment de Vigne bouillir dans vingt pintes d'eau, que vous ferez réduire à douze : laiffez repofer la liqueur, & la verfez enfuite par inclination, pour en baffiner tous ces boutons. En Eté on peut faire cette coction au Soleil; mais en Hiver il faut en baffiner les playes du Cheval dans l'Ecurie, à caufe du froid & de l'humidité.

Ou bien la plante appellée *Elleborine*, trempée pendant deux heures dans un sceau d'eau au Soleil, ou eau tiéde, en faire un bouchon, & en frotter les boutons. Le travail fait du bien à un Cheval qui a le Farcin; mais il ne faut pas qu'il aille dans l'eau ou dans la boue.

Il faut bien prendre garde que le Cheval ne porte la Dent sur aucun bouton, ou ne le léche; car alors tous les remédes seroient inutiles, & en voulant guérir une partie, il reporteroit le mal à d'autres.

On peut encore se servir des Pillules suivantes. Prenez deux onces de Mercure & une once de Soulfre, amalgamés ensemble dans un mortier, avec un quarteron de Beurre, qu'on donne avec la même précaution au Cheval.

Les jours intercalaires, c'eſt-à-dire, entre la purgation, on lui fera faire encore uſage d'un billot avec un quarteron d'Aſſa-fœtida, & on l'attachera haut, juſqu'à ce qu'il ait tout mâché.

On pourroit auſſi employer pour purgatif, au défaut des compoſitions dont nous venons de parler, les Pillules de Cinnabre, une chafois, ou deux Pillules puantes.

Il faut remarquer que tous les remédes que l'on vient de décrire, ne ſont utiles que lorſque le Farcin n'eſt point compliqué, ou n'a point dégénéré par vétuſté dans une eſpéce de morve : car ſi le Cheval eſt glandé, & qu'il jette par le Nez, ce ſeroient peines & remédes perdus.

De la Pousse.

La Pousse est une très-grande difficulté de respirer, provenante de quelque embarras dans la substance du Poumon.

Cette maladie est précisément ce qu'on appelle *l'Asthme* chez les Hommes. Si elle n'est pas accompagnée d'Ulcéres, elle est très-difficile à guérir; & si elle est accompagnée d'Ulcéres, c'est pour lors la Phtysie ou la Pulmonie, & elle est absolument incurable.

A cette maladie parvenue à son dernier période, se joignent la Fiévre, le battement de Flanc, la rougeur dans les Yeux, l'Etisie, un écoulement de matiéres puantes & infectes par les Nazeaux, une faim canine; le Flanc redouble dans la respiration, & forme le long des Flancs une espéce de cordon, qui est sensible à la vûe à cause de la maigreur du Cheval.

Cette maladie peut être héréditaire; mais elle provient communément, ou de violens efforts, qui auront causé la rupture de quelque Vaisseau dans le Poumon, & à sa suite un Ulcére; ou d'un épanchement de Sang dans la cavité du Thorax, où il sera dégénéré en pus, ou d'une Toux qui aura été négligée : elle peut provenir aussi d'alimens trop chauds, comme de trop de Foin, ou de l'usage de vieux Sainfoin, ou de Foin poudreux, ou même de trop de séjour.

Cette maladie est longue, difficile à guérir, & souvent incurable : cependant quand elle ne fait que commencer, on peut en venir à bout, parce que l'Ulcére ne se forme pas d'abord.

Il faut commencer par ôter le Foin au Cheval, ou du moins lui en donner très-peu, & seulement avant que de le faire boire; ensuite on le saigne au Col : deux jours après on prend une once de Baume de Soulfre préparé à l'Essence de Thérébentine, que l'on met dans une chopine de Vin blanc avec une demi-once de Crystal Minéral, qu'on lui fait avaler: deux jours après on réïtére la même dose; & deux autres jours après on lui donne encore la même chose, en diminuant seulement de moitié la dose du Baume de Soulfre : continuez ainsi pendant quelque tems à lui en donner de deux jours l'un. Il faut avoir soin seulement de le tenir bridé huit heures avant & huit heures après.

DE CAVALERIE.

Dès le commencement des remédes, il faut mettre le Cheval à l'ufage d'une des Poudres suivantes dans du Son, ou dans de l'Avoine.

Prenez fleur de Soulfre, fénugrec, Sucre Candi, Iris de Florence, Limaille d'Aiguille, Réguelisse, de chaque un quarteron; mettez le tout en poudre fine, & donnez-en demi-once le matin & autant le soir.

Autre.

PRENEZ Réguelisse, Fleur de Soulfre, Baies de Laurier, Anis verd, & Sucre Candi, un quarteron de chaque; & en faites du total une poudre fine; en donner une once le matin, & une autre le soir, dans Son ordinaire.

Ou bien mettez deux livres de fleur de Soulfre sur une de Limaille d'Aiguille, & ajoûtez trois quarterons de Réguelisse en poudre; tamisez le tout: en donner demi-once le matin & autant le soir.

les remédes ci-dessus ne pourront que le soulager, & non le guérir.

Autre Reméde utile contre la Pousse, & pour maintenir l'haleine à un Cheval.

Il faut prendre des Chardons dont on se sert pour gratter les draps, (c'est le *Dipsacus*, ou le Chardon à foulon;) mettez-les en poudre & passez-les par le tamis; faites-en prendre à un Cheval soir & matin demi-once chaque fois dans son Avoine. Ce petit reméde, quoique simple, est très-bon pour soulager un Cheval poussif, & pour maintenir son ha-

leine, quand il ne le seroit pas;
il est bon même de le faire prendre quand on a une grande course à faire.

Autre. Faites sécher & pulvériser des Fleurs de Coquelico, & en donnez une once le matin, & autant le soir, dans son ordinaire de Son.

Autre pour soulager un Cheval poussif.

PRENEZ du Plomb, faites-le limer le plus fin que vous pourrez; donnez-en une once chaque fois dans l'Avoine du Cheval, & qu'elle soit mouillée; car il ne faut jamais rien donner de ses dans cette maladie.

Autre. Prenez des branches de Genet, Feuilles & Fleurs, une bonne demi-poignée, que vous hacherez bien menu, & mêlerez dans l'Avoine, après que vous l'aurez arosée avec de l'eau. Il faut continuer à lui faire manger du Genet huit ou dix jours de suite, & le mener à l'eau une ou deux fois par jour, pour le faire nâger sans le laisser boire.

Autre. Prenez de la Fleur de Genet & des Feuilles d'Epine blanche les plus fraîches & les plus tendres ; des Feuilles de Saule, des plus jaunes, & du Pas d'Ane, autant de l'un que de l'autre ; hachez le tout bien menu, & en faites manger au Cheval tant qu'il sera possible dans du Son, & qu'il ne soit nourri pendant quinze jours, ou plus, qu'avec de la Paille, & le Cheval sera soulagé pour quelque tems.

Autre. Faites faire diette au Cheval pendant quinze jours, c'est-à-dire, qu'il ne mange que de la Paille & du Son, & ne le faites point travailler. Au bout de huit ou dix jours de régime, on lui fera prendre les Pillules suivantes.

Prenez Agaric, Aloës, Aristoloche ronde, de chaque demi-once; Réguelisse, Enula-campana, Fleur de Soulfre, le tout en poudre, Miel commun, de chaque une once; Lard, deux onces. Réduisez toutes ces drogues en poudre, mêlez-les ensemble, & avec du Beurre frais, faites-en des Pillules, que vous roulerez dans la poudre de Sucre, ou de Réguelisse: faites-les prendre au Cheval de jour à autre huit ou dix fois, ce reméde le soulagera beaucoup.

Il y a des gens qui prétendent que la Noix-vomique rapée arrête la Pousse, en en donnant plein un dez dans du Son, une fois par jour, pendant sept à huit jours, de deux jours l'un.

De la Courbature.

L'on appelle *Courbature* dans les Animaux, ce que les Medecins appellent aux Hommes *Pleurésie*, ou *Fluxion de Poitrine* : cette maladie se manifeste par une fiévre violente, avec les mêmes accidens décrits dans la Pousse ; mais celle-ci ne vient guéres qu'aux Chevaux qui ont passé six ans : la Courbature, au contraire, vient indifféremment aux uns & aux autres. Cette maladie est aigue, violente & courte dans sa durée ; elle vient ordinairement d'une fatigue outrée, d'un travail excessif, ou d'une intempérie de régime extraordinaire ; elle est souvent accompagnée des mêmes accidens

DE CAVALERIE. 265
cidens décrits à la Forbure; non
que la Courbature ne puisse se
trouver sans ces accidens, mais
parce que ces maladies, provenant communément les unes &
les autres de causes semblables,
elles peuvent fort bien être compliquées les unes avec les autres.

Quand il n'y a point de com-
plication, cette maladie ne laisse
pas d'être encore dangereuse &
vive; mais elle n'est pas de durée,
à moins que ce ne soit un reliquat
de quelqu'autre maladie, qui par
sa longueur ou sa violence peut
laisser quelqu'altération dans le
Poumon.

Prenez une pinte de Bierre, demi-livre de bon Miel blanc, demi-
livre d'Huile d'Olive, trois quarterons de fleur de Soufre; mettez
le tout dans la pinte de Bierre, &
avec la Corne faites-le avaler au

III. Part.   Z

Cheval, que vous tiendrez bridé cinq heures devant & cinq heures après.

On peut réitérer le même Breuvage cinq à six jours après, si le Cheval n'est pas guéri.

Comme cette maladie est accompagnée de fiévre, qui est ordinairement très-violente, il n'y a point de difficulté, qu'il faut dans ce cas saigner le Cheval, & lui donner matin & soir un lavement émollient & rafraîchissant, ainsi que l'on doit faire dans toute maladie aigue.

De la Toux.

Tout Cheval qui tousse, ne doit pas pour cela être condamné poussif, ni courbattu : quoique cet accident soit un Symptôme de ces deux maladies, il n'en est quelquefois que l'avant-coureur, & n'en est pas toujours suivi. Même si l'on négligeoit moins ce mal, il y auroit moins de Pousses & de Courbatures. Il vient quelquefois pour avoir mangé du Foin poudreux, ou une plume; quelquefois pour avoir avalé de la poussiere en Eté; & quelquefois c'est le commencement d'un morfondement. Quand elle est opiniâtre, & qu'elle dure plus d'un jour sans diminuer, prenez quatre onces de fleur de Soulfre, quatre onces de Régulisse fraîche, quatre onces de Sucre Candi, deux onces d'Anis verd, & deux onces de Baies de Laurier en poudre; prenez le blanc & le jaune de deux Œufs, & y mêlez deux onces du mélange de ces Poudres, avec une once de Thériaque, & suffisante quantité d'Huile d'Olive, pour en faire un Opiat; ajoutez-y la groſſeur d'une Féve de Tarc; (c'eſt du Godron) délayez cet Opiat dans une chopine de Vin, & le faites avaler au Cheval: réitérez de deux jours l'un, juſqu'à ce que la livre de ces Poudres ſoit employée.

On en peut ajoûter auſſi dans ſon Avoine, demi-once le matin & autant le ſoir.

Si l'on peut avoir des branches de Genet, on en fera bouillir quatre ou cinq poignées dans huit ou dix pintes d'eau, & on en mêlera deux pintes avec de l'eau commune chaque fois qu'on lui donnera à boire.

Autre. Prenez deux livres de Mine de Plomb rouge, autant de Soulfre en Canon, une once & demie de Muſcade, une once & demie de Sel Polychreſte, ſix gros de graine de Geniévre : faites du tout une Poudre, & la divisez par onces, & en donnez une once le matin & une once le soir dans l'ordinaire du Cheval.

De la Gras-fondure.

ON met cette maladie à la suite de la Courbature, de la Pousse, & de la Toux, moins parce que le grand travail en peut être la cause aussi-bien que des précédentes, que parce qu'elles ont un signe commun, qui pourroit s'y faire méprendre, si l'on n'y faisoit pas une attention particuliere. Mais on évite la surprise, en examinant les excrémens ; car en les faisant vuider, on les trouve *coëffés*, c'est-à-dire, enveloppés d'une matiére semblable à de la graisse, & ils se trouvent quelquefois fanglants. Cette maladie eft très-périlleufe, & plus commune aux Chevaux gras, & qui ont féjourné, qu'à d'autres.

Le Cheval atteint de ce mal, en perd le boire & le manger, bat du Flanc où il fent de la douleur, regarde cette partie, & ne peut demeurer couché ni levé. Quand il jette par les Nazeaux en abondance, & que la matiére eft fanglante, ce qui arrive quelquefois, le mal eft fans reffource.

Auffi-tôt qu'on s'en apperçoit, il faut faigner le Cheval au Col, & lui donner des lavemens émollients de deux heures en deux heures ; quelques-uns recommandent en lavement comme un fpécifique, le fang tout chaud d'un Veau ou d'un Mouton, qui vient d'être égorgé : il eft certain que ce reméde eft bon. Deux heures après donnez-lui deux Pillules puantes, délayées dans chopine de Vin ou de Bierre, & une heure après deux autres Pillules pareilles, jusqu'à quatre prises d'heure en heure. S'il y a peu ou point de fiévre, on peut lui donner les Poudres précédentes indiquées pour la Pousse, & particuliérement la deuxiéme. S'il y a de la fiévre, il faut lui donner le breuvage d'Eaux Cordiales ; le mettre à l'usage du billot, & si la fiévre étoit violente, on pourroit lui donner le breuvage avec le Baume de Copahu.

Ces Pillules puantes peuvent être mises en usage dans la Forbure, la Courbature, & les tranchées avec lesquelles cette maladie a grand rapport, se rencontrant fort souvent ensemble.

Les jours suivans, un ou deux

lavemens suffisent par chaque jour.

On peut après la saignée faire usage du Breuvage suivant.

Il faut prendre environ deux livres de plantes de Jombarbe, que l'on pilera dans un mortier pour en tirer le jus, & ensuite prendre environ une pinte de Petit-lait, & à son défaut une chopine de Lait que l'on mêlera ensemble ; vous le ferez tiédir, & y ajoûterez demi-once de Sel de Prunelle : vous réitérerez ce Breuvage deux fois par jour. Si au bout de trois ou quatre jours le Cheval n'est pas guéri, donnez-lui le remède suivant.

Prenez Huile d'Olive, Miel de Narbonne ou Miel blanc, de chaque quatre onces ; Thérébentine de Venise, deux onces. Mêlez le tout ensemble dans une bouteille

DE CAVALERIE. 273
de Vin blanc, que vous ferez tiédir, & prendre au Cheval. Le Cheval guérira, en continuant ce reméde, pourvû que la Forbure & le mal de Cerf ne soient point compliqués.

Pendant le cours de la maladie, vous lui donnerez deux ou trois lavemens par jour, que vous composerez de la maniére suivante.

Faites bouillir de gros Pois blancs, à leur défaut des Féves blanches, jusqu'à ce que cela soit en purée, que vous passerez à travers un tamis ou linge : vous mêlerez dans cette purée autant de Lait de Vache, & y ferez fondre demi-livre de Beurre frais ; vous y ajoûterez deux onces d'Huile de Thérébentine. Mêlez le tout pour le donner en lavement au Cheval. Il faut qu'il contienne environ quatre pintes.

Quand les accidens commenceront à diminuer, on purgera le Cheval avec la médecine suivante.

Prenez Thériaque, deux onces; Séné, demi-once; Manne, deux onces; Genciane, une once; Cristal Minéral, demi-once : mêlez le tout dans une bouteille de Vin blanc, & le donnez au Cheval. Vous réitérerez au bout de quelques jours le même Breuvage, & userez souvent de lavemens laxatifs.

Du Flux de Ventre.

ENTRE les maladies du Ventre, il y en a une qui lui est particuliére, & que l'on nomme *Diarrhée* ou *Flux de Ventre*, sous laquelle on renferme deux autres maladies, qui en sont des espéces plus dangereuses ; sçavoir, la Dyssenterie & la passion Iliaque, que les Maréchaux appellent l'une & l'autre *Tranchées rouges.*

La simple Diarrhée, est lorsque le Cheval rend ses excrémens plus liquides que de coûtume, sans être digérés, & fréquemment.

La Dyssenterie, est lorsqu'il est tourmenté de tranchées, que les excrémens sont sanglants, & que le fondement est fort échauffé & enflammé.

Et la passion Iliaque, lorsqu'il revient par les Nazeaux ou par la Bouche, une espéce de matiére glaireuse, qui semble venir de l'Estomach : maladie rare ; mais qui arrive quelquefois, & qui a toujours été regardée comme mortelle.

La boisson des mauvaises eaux,

& l'usage des mauvais alimens, contribuent beaucoup à ces maladies, aussi-bien qu'à la formation des Vers.

Pour le simple dévoiement, on fait rougir un morceau d'Acier, & on l'éteint dans une pinte de gros Vin rouge, qu'on fait avaler au Cheval. Si cela ne suffit pas, on fera usage pendant quelques jours matin & soir du lavement suivant.

Il faut prendre environ quatre pintes de Vin Emétique, dans lequel on fera bouillir vingt ou trente Glands de Chêne mis en poudre, les plus vieux sont les meilleurs; lorsqu'ils auront bien bouilli, il faut laisser refroidir cette composition, jusqu'à ce qu'elle soit en état de la faire prendre au Cheval. On y ajoûtera la valeur d'un quarteron d'Huile d'Olive.

On pourra aussi lui faire un Breuvage d'une pinte de Vin Emétique, où l'on aura mis une douzaine de Glands en poudre. Deux jours après on lui fera prendre une once de Rhapontic, qui pour cette maladie fait autant d'effet que la Rhubarbe du Levant.

S'il y a fiévre ou tranchées, c'est-à-dire, douleurs d'entrailles, on fait saigner le Cheval au Col, & on lui donne force lavemens avec le Bouillon blanc, ou la Traînasse cuite dans le Bouillon de Tripes, ou dans la décoction d'une fraise de Veau bien grasse, ou d'une tête de Mouton, que l'on fait cuire avec sa laine; ou bien encore le lavement de sang chaud d'un Veau ou d'un Mouton, dont on vient de parler.

Ensuite de la saignée, on lui donne un Breuvage avec trois

onces de Thériaque dans trois demi-septiers de gros Vin rouge; ou bien on fait bouillir dans un pot une demi-douzaine d'Œufs dans suffisante quantité de Vinaigre; on en fait avaler au Cheval trois le matin, & autant le lendemain.

Faites la même chose à la passion Iliaque; mais réitérez plusieurs fois la saignée dans les vingt-quatre heures, & les lavemens; & faites ronger le carreau au Cheval, afin qu'il jette beaucoup.

On peut se servir encore du Vin Emétique; on en donne une chopine. Il ne fait pas aux Chevaux le même effet qu'aux Hommes: il ne les purge presque point; & par une mécanique singuliére, il semble les rafraîchir au lieu de les échauffer, & leur donner de l'appétit.

Des Vers.

La corruption des alimens qui ne se digérent point dans l'Estomach des Chevaux, donne lieu au développement & à la génération de différentes sortes de Vers, dont les Œufs se trouvent semés sur le fourage & sur les différens grains, dont on nourrit les Bestiaux.

Quand un Cheval maigrit peu-à-peu, quoiqu'il mange beaucoup, & qu'il se frotte souvent la Queue jusqu'à se la peler; qu'il paroît morne & triste; que le poil, malgré un pansement assidu, devient terne & hérissé; qu'il regarde souvent son ventre; il y a lieu de soupçonner qu'il est incommodé de vermine.

Il en est une espéce fort commune, qu'on nomme *Moraines*, qui ont leur siége dans les replis du fondement, qui par sa conformation particuliére conserve le Crotin trop long-tems. Les Chevaux qui sortent des herbes, y sont plus sujets que les autres. Cette espéce n'est pas dangereuse, & on se contente de les tirer avec la main. On peut même tirer ceux qui sont dans le gros Boyau avec la main, en se graissant tout le bras jusqu'au coude, avec de l'Huile ou du Beurre, après s'être soigneusement roigné les ongles, comme on fait quand on veut tirer le Crotin, qui y séjourne si long-tems, qu'un Cheval ne peut fienter ni recevoir de lavement. Mais comme il est impossible d'aller chercher de même ceux qui sont dans les autres Intestins, on a recours à des Breuvages ou à

des

des Opiates vermifuges. Le Breuvage suivant est bon pour toute espéce.

Prenez trois onces de Thériaque, une once de Corne de Cerf en poudre, & une once & demie d'Aloës Soccotrin aussi en poudre; mettez le tout infuser dans trois demi-septiers d'eau, & le faites avaler.

Deux jours après on peut donner en Pillules l'Opiat suivant.

Prenez Poudre Cordiale, une once; Sublimé doux, raclure de Corne de Cerf, Aloës Soccotrin, de chaque demi-once; incorporez dans suffisante quantité de Beurre frais, pour en faire un Opiat, que l'on fait avaler pour une prise au Cheval.

Ce reméde est aussi fort convenable pour le battement de Flancs qui accompagne la Pousse.

III. Part. Aa

La poudre d'Acier & de Soulfre, à la dose d'une once le matin & une once le soir, convient aussi dans cette maladie. On peut encore employer l'Ethiops Minéral : on en incorpore deux onces avec suffisante quantité de Beurre frais, dont on fait des Pillules, que l'on roule sur de la poudre de Réguelisse ; & on réitére trois ou quatre fois, laissant deux jours d'intervalle entre chaque prise ; le laissant à chaque fois quatre ou cinq heures devant & après sans boire ni manger.

Mettez dans son Avoine une once de fleur de Soulfre, & une once d'Antimoine crud en poudre.

Si le Cheval a des Moraines au Fondement, frottez-le lui avec de l'Essence de Thérébentine ; & s'ils continuent à reparoître, donnez-lui le Breuvage précédent.

On prétend que la poudre de Tan qu'on trouve chez les Tanneurs, tue les Vers, en en donnant une demie once le matin & autant le soir, dans son ordinaire de moitié Son & Avoine.

De la Jauniſſe.

QUOIQUE cette maladie ne ſoit pas connue ſous ce nom pour les Chevaux, elle ne les attaque pas moins réellement. Il eſt vrai que les Auteurs qui en ont traité, l'ont décrite ſous le nom de *mal de Tête*, plûtôt que ſous ſon véritable nom; mais le mal de Tête n'eſt tout au plus qu'un accident de cette maladie.

Dans ce mal, outre le dégoût, la foibleſſe, & la triſteſſe de l'Animal, il a les Yeux & les Lévres jaunes, & la sérosité du sang qu'on lui tire, est entiérement infectée de cette couleur. Cette maladie vient toujours d'une obstruction ou engorgement du Foie, & est ordinairement accompagnée de tranchées ; c'est pourquoi on y employe les mêmes remédes. En voici un qui a eu un heureux succès dans cette maladie.

Prenez un demi-boisseau de cendres de Sarment, & en faites lessive avec quatre Pintes d'eau de riviére, que vous repassez quatre fois sur les cendres toutes bouillantes ; puis mêlez une livre de bonne Huile d'Olive, & un quarteron de bayes de Laurier en poudre dans cette lessive passée à clair.

Faites saigner le Cheval aux Flancs, & le laissez bridé toute la nuit. Le lendemain matin faites-lui avaler deux verres de cette composition bien mêlangée, & le laissez encore bridé deux heures après, puis vous le débriderez, & lui donnerez à boire de l'eau blanche, & à manger du Son mouillé pendant un quart-d'heure; rebridez-le, & deux heures après donnez-lui deux autres verres de ladite lessive, & lui en donnez ainsi quatre à cinq prises par jour, & le mettez en lieu obscur sur de bonne litiére, éloigné de tout bruit, & dans une Ecurie à part, tant pour éviter la contagion, que pour sa commodité.

Quand l'appétit lui sera revenu, faites-le promener en main un quart-d'heure par jour, & le purgez avec deux onces de Pillules, appellées *Cephalicæ minores Galeni*.

Des Tranchées.

LES Tranchées sont un tiraillement des Intestins causé, ou par l'abondance des matiéres, ou par leur qualité corrosive, ou par un engorgement de sang ; c'est ce qui fait trois espéces différentes de cette maladie.

Celle qui vient de l'abondance des matiéres, est ordinairement la plus simple. Ce sont la plûpart du tems des vents raréfiés, & des matiéres crues & indigestes.

Ensuite vient le *Tenesme*, qui est causé par l'engorgement des Vaisseaux sanguins. Cette espéce de Tranchées commence par un dévoiement d'un jour, & finit par des efforts inutiles, que fait le Cheval pour fienter ; ce qui lui cause beaucoup de douleur.

La troisiéme espéce a eté décrite sous le nom de *Passion Iliaque*. Dans celle-ci, le mouvement des Intestins est renversé, il revient par la bouche des matiéres gluantes & corrompues, c'est cette espéce que les Maréchaux appellent des *Tranchées Rouges*.

En général on reconnoît qu'un Cheval a des Tranchées, lorsqu'il se débat, qu'il se veautre, qu'il cherche sans cesse à se coucher & à se relever, que les Flancs lui battent & lui enflent, qu'il les regarde, qu'il bat des Pieds de derriere, qu'il tremble, qu'il perd l'appétit, que les Testicules suent, & qu'il ne peut uriner.

Prenez demi-septier de bon Vin blanc, un verre d'Huile d'Amandes-douces, deux onces de Thérébentine de Venise la plus claire, une once de Crystal Minéral, &

deux onces d'Essence de Geniévre; mêlez le tout, & le faites avaler avec la Corne. Ce reméde convient dans les Tranchées, parce qu'il est propre pour uriner.

Il ne faut pas épargner les lavemens doux & onctueux à ce mal.

On peut au lieu du reméde précédent, lui donner une once de Thériaque avec une pincée de Safran en poudre dans une chopine d'Eau-de-Vie; ou bien une chopine d'Eau-de-Vie & autant d'Huile; mais les deux premiers sont plus efficaces.

On assure que la fiente de Poule, séchée à l'ombre, & pulvérisée, est un reméde excellent; on en donne une once dans une pinte de Vin blanc, ou chopine d'Eau-de-Vie.

De la Rétention d'Urine.

RAREMENT voit-on cette maladie seule : elle est ordinairement la suite des Tranchées ou des maladies du Ventre. C'est pourquoi on renvoye à ces maladies-là, en cas que le mal soit opiniâtre. Mais s'il n'étoit pas accompagné de Tranchées, le remède suivant suffiroit. Faites avaler au Cheval quatre onces de Colofane en poudre dans une chopine de Vin blanc.

De la Fortraiture.

ON appelle un Cheval *Fortrait*, lorsqu'il devient étroit de boyaux, & qu'on lui voit deux cordons de Nerfs, qui vont depuis le foureau gagner les sangles, extraordinairement racourcis & douloureux, ce qui fait perdre l'appétit au Cheval. Il est des Chevaux, qui sans être Fortraits, sont si maigres, qu'il est nécessaire de les engraisser, soit pour les pouvoir vendre, soit pour s'en pouvoir servir. C'est pourquoi nous donnerons tout de suite la maniere d'engraisser les Chevaux maigres & dégoûtés.

Des Chevaux maigres & dégoûtés.

Quand on ne connoît point la cause pour laquelle un Cheval, qui mangeoit bien auparavant, cesse tout-à-coup de manger, on lui donne un coup de Corne dans le Palais. Cette manœuvre ordinairement réveille l'appétit du Cheval, quand il n'y a pas d'autre maladie.

S'il lui vient des espéces de cloches dans la Bouche, comme de petites peaux blanches, faites-lui manger quelques grapes de Verjus, si c'est dans la saison.

Si ce dégoût vient d'un vice de l'Estomach, mettez-lui deux onces d'Assa-fœtida enveloppé dans un linge au mastigadour.

Et s'il est Fortrait, frottez souvent les deux Nerfs retirés, avec Onguent d'Althéâ & Onguent de Montpellier, & lui faites avaler une livre de Lard frais sans couenne, coupé par rouelles l'une après l'autre, de deux jours l'un, & par-dessus un demi-septier de Vin.

Les jours d'intervalle vous pouvez le mettre au Mastigadour, avec l'Assa-fœtida.

Quelques-uns les engraissent avec des Féveroles; mais on prétend qu'elles donnent des Tranchées: cela n'arrive cependant pas toujours.

B b ij

On se sert encore d'Orge mondé, pour engraisser un Cheval, & lui donner du Boyau : on en donne tous les matins un demi-boisseau dans un seau d'eau. D'autres mettent dans l'Avoine qu'ils donnent trois fois par jour, une poignée de graine d'Ortie à chaque fois, & font boire le Cheval à l'eau blanche de Farine de Féves pendant trois semaines ou un mois.

Voici encore une autre méthode, que l'on peut observer. Après avoir saigné le Cheval, l'avoir mis à l'eau blanche & purgé, vous le nourrirez matin & soir avec du Son bouilli dans de l'eau ; & on le lui fera manger un peu chaud, après y avoir mêlé à chaque fois deux onces de la Poudre suivante, & par-dessus demi-picotin de Froment.

Prenez Fenugrec, Sel commun, graines de Lin, de Fenouil, d'Anis & de Laurier, fleur de Soulfre, Regueliſſe, Ariſtoloche ronde, Agaric, Mirrhe, Aloës Soccotrin & Racine de Chardon béni, de chaque deux onces; Gérofle, Noix-muſcade, Cannelle & Gengembre, de chaque une once : faites du tout une Poudre fine pour l'uſage.

Bleſſures & Enflures ſous la Selle & ſur les Rognons; & des Cors.

LES uns & les autres ſont ordinairement l'effet d'une Selle trop dure, & des Harnois mal faits ou gâtés. Ces maladies négligées peuvent eſtropier un Cheval, & le mettre hors de ſervice.

Si-tôt qu'on s'apperçoit qu'un

Cheval est blessé sous la Selle, & que l'Enflure n'est pas de conséquence, il suffit de frotter la partie avec du Savon & de l'Eau-de-Vie ; mais si l'Enflure est considérable, il faut se servir du reméde suivant.

Prenez quatre ou cinq blancs d'Œufs, & les battez avec un gros morceau d'Alum pendant un quart-d'heure ; il faut y ajoûter ensuite un verre d'Huile de Thérébentine, autant d'Eau-de-Vie ; battre encore le tout ensemble, & de cette composition en frotter bien la partie enflée matin & soir : on la nétoye ensuite, & on la fortifie avec de l'Eau-de-Vie, lorsqu'elle est désenflée. Par ce reméde, on évite tous les accidens qui peuvent arriver des Enflures causées par la Selle, sur le Garot, sur les Rognons, & sous la Selle.

Si ce sont des Cors qui viennent, & sur les Rognons, & aux pointes des mammelles de la Selle, il faut les amollir en les frottant avec Onguent de Montpellier toutes les vingt-quatre heures; ou bien avec du vieux Oing le plus vieux qu'on pourra trouver. Il fera tomber l'escare, que l'on pansera ensuite avec de l'Essence de Thérébentine, & du charpi fait avec de vieilles cordes pilées, & mises presque en poudre.

On se sert d'un suppuratif qui est fort bon pour les Cors; mais que l'on ne trouve pas si-tôt, parce qu'il faut l'avoir tout préparé. Il se fait avec deux onces d'Huile d'Olive, Cire neuve, Thérébentine de Venise, Poix noire, Poix Résine, Poix grasse, Graisse de Mouton, Graisse de Porc mâle, de chaque demi-once, que l'on fait fondre à petit feu, pour faire le mélange de l'Onguent.

S'il y a grande playe, & qu'il faille deſſécher; mettez deſſus des cendres de coquille d'Œuf, de drap ou de ſavatte brûlée, ou bien des feuilles de Tabac verd pilé dans la Saiſon, ou de la Chaux vive éteinte dans égale quantité de Miel.

L'Onguent ſuivant eſt excellent pour toutes ſortes de Bleſſures & de playes, ſurtout pour les Ulcéres, Chancres, vieilles Bleſſures, & autres difficiles à guérir.

Il faut prendre douze onces de la meilleure Huile d'Olive, deux onces de la meilleure Eau-forte, & deux gros de bonnes Eguilles: il faut les caſſer en deux pour être ſûr qu'elles ſont de bon Acier; celles qui plient, ne valent rien. Vous mettrez le tout dans un grand vase de verre; sçavoir, les Eguilles les premieres, l'Eau-forte ensuite, & sur le champ versez l'Huile. Il faut observer, en versant l'Huile, d'éloigner la tête, pour que la vapeur ne monte pas au visage. On laisse le tout pendant vingt-quatre heures, sans le remuer ni le toucher : on enléve après ce tems l'Onguent avec la pointe d'un couteau : on jette l'eau qui reste dans le fond du verre ; on nétoye l'Onguent de toute écume qui s'est faite sur la superficie, & on a soin d'en ôter toutes les parties d'Eguilles qui peuvent rester : on lave ensuite l'Onguent dans une jatte d'eau, jusqu'à ce que changeant de différente eau, la derniere conserve sa couleur ordinaire : on ramasse alors l'Onguent, & on le conserve dans des pots de fayance, pour s'en servir au besoin. On nétoye alors la playe avec du Vin chaud : on met de cet Onguent dans une cuilliere, on le fait fondre, & avec une plume on en arrose un peu la playe; ensuite on en imbibe légérement une charpie que l'on applique sur la playe, & on la couvre d'une compresse trempée dans du Vin chaud : on bande ensuite la playe; on panse le mal toutes les vingt-quatre heures.

De l'Effort de Reins.

QUAND un Cheval tombe d'un lieu élévé sur les quatre Jambes, & qu'il se trouve avoir un fardeau lourd sur le Corps, il est aisé de juger la forte & douloureuse impression que cette chûte doit causer sur les Vertébrés des Lombes, ou plûtôt sur les Tendons des Muscles qui les tiennent réunies. Ce que nous avons dit, en parlant de l'Entorse, se peut rappeller ici ; avec cette différence pourtant, que s'il y avoit luxation, dislocation ou fracture au Reins, il seroit inutile de tenter le moindre secours. Mais il est bien difficile, pour ne pas dire impossible, que cela arrive, à moins que ce ne soit dans un précipice. C'est pourquoi on traite cette maladie comme une forte extension de Nerfs & de Tendons, avec les résolutifs spiritueux & Aromatiques.

Prenez de la lie de bon Vin ; faites bouillir dedans toutes sortes d'herbes fines, comme Sauge, Thim, Romarin, Marjolaine, Laurier, Lavande, Hyssope, &c. faites-les bien cuire & amollir, exprimez-en le jus au travers d'un gros & fort linge, ou à une presse, & ajoûtez dans ce jus Poix noire, Poix Réfine, Poix de Bourgogne, de chaque un quarteron; Bol d'Arménie en poudre, deux onces; Sang-Dragon, Mastic, Oliban, Noix de Gale, de chaque une once; Huile d'Aspic & Thérébentine, de chaque deux onces: faites bien cuire le tout en consistance d'emplâtre bien gommeux & gluant, & l'appliquez le plus chaud que vous pourrez, sans pourtant brûler le Cheval, & frottez auparavant toutes les parties douloureuses ou offensées avec de bonne Eau-de-Vie ou Esprit de Vin, puis vous mettrez votre emplâtre étendu sur de bonne toile neuve, & vous suspendrez le Cheval pendant neuf jours.

S'il y a tumeur dans quelque partie où l'on puisse soupçonner une humeur flottante, on peut y faire une légére incision, & y introduire tous les jours Huile d'Aspic, d'Hypéricum & de Pétrole bien mêlangées ensemble.

On peut aussi se servir de l'emplâtre rouge, ou emmiélure rouge.

De la Galle, du Roux vieux, & des Dartres.

CETTE maladie est un vice de cuir qui devient Ulcére, plein de pustules, & plus épais par l'engorgement de toutes les Glandes de la peau, qui se trouvent abreuvées d'un suc âcre & mordicant.

On en distingue de deux espéces, dont l'une est une espéce de Gratelle, & est sans écorchure, mais qui s'étend insensiblement par tout le Corps.

L'autre vient par playe, en forme de boutons, qui s'écorchent & font place à une croûte qui tombe ensuite, si elle n'est de nouveau arrachée.

La premiere espéce est la plus longue & la plus difficile à guérir; elle peut provenir, ou de contagion, ou de fatigue, ou de misére; pour avoir, par exemple, souffert la faim & la soif, les injures de l'air; & pour avoir été mal, ou point pansé, principalement aux Chevaux entiers & aux Chevaux qui tirent au colier.

De quelque espéce que puisse être celle dont le Cheval est attaqué, donnez-vous de garde de le panser d'abord par des remédes extérieurs pour le guérir de sa Galle: le mieux, & le plus sûr, est toujours de commencer par le traiter intérieurement, & de le guérir par le dedans. Les remédes extérieurs, donnez sans précaution, peuvent faire rentrer l'humeur, & causer par conséquent une grande maladie.

Il faut saigner le Cheval au Col, afin que les remédes agissent plus efficacement, & le purger le sur-lendemain avec une once d'Aloës Soccotrin, demi-once de Séné, & deux gros & demi de Fenouil en poudre, infusés dans trois demi-septiers de Vin, demi-heure avant que de le faire avaler.

Il faut observer de ne donner au Cheval que la moitié de sa nourriture ordinaire le jour avant la médecine, & brider le Cheval cinq heures après. Il faut supprimer l'Avoine, & ne donner au Cheval que du Son mouillé.

Après qu'il aura été saigné & purgé deux ou trois fois, si le mal est ancien, il n'y aura plus de danger de le frotter avec de la lessive commune, où l'on aura fait bouillir deux ou trois onces de Tabac de Bresil, ou au défaut, du Tabac ordinaire.

Voici encore un liniment qui est fort bon, & sur lequel on peut compter, quoique fort simple.

Prenez un quarteron de vieux Beurre salé, (le plus vieux est le meilleur,) faites-le fondre avec un demi-verre d'Huile à brûler, & en frottez la partie le plus chaudement que faire se pourra. Cependant si le Garrot en étoit attaqué, il faudroit l'appliquer beaucoup moins chaud, & le laisser refroidir, parce que cette partie est fort sensible. On peut encore user du remède suivant, après avoir usé quelques jours de la lessive précédente.

Prenez Huile de Laurier, quatre onces;

onces; Vif-argent deux onces; incorporez-les bien ensemble, ensorte que le Mercure ne paroisse point, & qu'il soit tout-à-fait éteint, & de cet Onguent vous le frotterez partout où il y aura de la Galle.

La Galle dégénére quelquefois par négligence, en ce qu'on appelle *Rouvieux*. Cet accident qui arrive plus communément à de gros Chevaux entiers, de trait, & de labourage, parce qu'ils sont communément plus chargés d'humeurs; qu'ils ont l'encolure plus grosse, & que les grands replis qu'ils ont dans la criniere, empêchent en les pansant, d'y entretenir la propreté, n'est autre chose que la Galle même, mais plus invétérée, & demande par-conséquent plus de soin, & moins d'impatience pour parvenir à la guérison. Cette maladie gagne aussi la Queue, aussi-bien que l'Encolure, par la difficulté qu'il y a de nétoyer comme il faut ces deux parties ; c'est pourquoi cette espéce de Galle paroît plus rousse que la Galle ordinaire, d'où sans doute elle a tiré son nom. Il en sort des eaux rousses, & quelquefois blanches, toujours très-puantes & corrosives, qui font tomber le poil.

Pour y remédier il faut tondre ou raser les poils & crins, soit de l'Encolure ou de la Queue, le plus près qu'il sera possible ; le frotter rudement avec un bouchon de paille, comme si on vouloit faire saigner toutes les écorchures ; quand même le Cheval saigneroit, il n'y auroit point de mal : ensuite il faut prendre du Savon noir, & en frotter partout ; comme avec un Onguent. Si c'est en Eté il le faut exposer au grand Soleil, pour qu'il pénétre mieux; mais il faudra l'attacher bien court, car il pourroit se blesser. Si c'est en Hiver vous le frotterez dans l'Ecurie, tous les jours une fois pendant huit ou dix jours de suite, après l'avoir rafraîchi avec du Son & fait quelques saignées, comme nous avons dit pour la Galle ordinaire. On employe aussi les remédes ci-dessus.

Les *Dartres*, soit vives, soit farineuses, sont toujours une espéce de Galle; que l'on traite de la même façon que les maladies précédentes, mais plus opiniâtres que les autres. Quand les remédes généraux ont été pratiqués, on se sert d'abord du Savon noir avec de l'Eau-de-Vie, dont on frotte les places dartreuses, & ensuite des autres remédes contre la Galle ; mais il en faut ufer plus longtems, & on donne au Cheval une once de Foie d'Antimoine, & autant de poudre de Régueliffe, matin & foir, dans le Son ou l'Orge qu'il lui faut donner pour nouriture, & il faut continuer au moins fix femaines, & l'Antimoine, & les remédes extérieurs. On peut pendant la cure réitérer quelques faignées.

De l'Enflure des Bourfes & fous le Ventre, & des autres Enflures.

Il y a des Enflures qui paroiffent entre cuir & chair à différentes parties du Corps, & particuliérement celle qui vient aux Bourfes. Celle-ci fe diftingue ordinairement en trois efpéces ; fçavoir, la simple Inflammation, qui ne laisse pas d'être dangereuse ; l'Hydrocele ; & la Hernie.

La simple Inflammation peut venir de saletés dans le fourreau, de coups ou de meurtrissures reçues dans ces parties, ou de morsures d'Animaux, vénimeux ou non.

L'Hydrocele, est un amas d'eau ou de sérosité dans la cavité des Bourses.

Quant à la Hernie, nous en traiterons en son lieu.

Les autres Enflures qui arrivent ou aux Cuisses, ou aux Epaules, ou aux Jambes, ou aux Flancs, proviennent de chûtes, de meurtrissures ou d'écorchures, & alors ce sont des tumeurs inflammatoires, ou une espéce de dépôt, comme dans la Forbure, le Farcin, & les Eaux, &c.

Quant à l'Enflure du Fourreau, si c'est en Eté, menez le Cheval à l'eau une fois ou deux par jour, & l'y laissez une heure chaque fois, cela suffira. En Hyver, lavez-le avec de l'eau qui ne soit pas froide, & le frottez ensuite avec de l'Eau-de-Vie & du Savon noir fondus ensemble, ou bien avec l'Onguent de Montpellier, si l'Enflure s'étend jusqu'aux Bourses.

L'Hydrocele, qui est une Hydropisie ou épanchement d'eau particulier dans la Bourse, se peut guérir aussi dans sa naissance par les mêmes remédes; mais si elle résistoit opiniâtrement à l'usage des remédes, on feroit une ouverture avec la lancette du côté de la Bourse où seroit l'épanchement, ou des deux côtés si l'épanchement régnoit également des

DE CAVALERIE.

deux côtés. On peut avant d'en venir à l'opération, faire usage du liniment qui suit.

Prenez environ quatre onces de jus de Poireaux; deux onces de Sel commun; un quarteron de pâte de Levain, le plus vieux est le meilleur; deux onces de jus de Rhue; deux poignées de Farine de Seigle, & environ un quarteron de vieux Oing, que vous aurez fait fondre auparavant. Faites cuire le tout avec du Vinaigre à discrétion, & faites-en une Bouillie, dont vous frotterez délicatement les Testicules du Cheval trois ou quatre fois par jour.

Ou bien on se servira de celui-ci. Prenez de la Farine de Féves & du Vinaigre, faites pareillement une Bouillie, ajoutez-y un peu de Sel, & vous en servez comme de l'autre. En voici encore un aisé à faire.

Prenez des Poireaux, de la mie de Pain blanc, à peu-près autant de l'un que de l'autre que vous pilerez avec du Miel ou du Lait. Faites bouillir le tout ensemble en consistence d'Onguent que vous appliquerez chaud sur les Bourses avec de la filasse, & vous mettrez une vessie de Bœuf ou de Vache par-dessus. Il faut faire tenir cet appareil avec un bandage, & le renouveller deux fois par jour, & continuer jusqu'à ce que l'Enflure diminue.

Il ne faut pas omettre, si l'Enflure vient d'une meurtrissure ou effort, de tirer du sang du plat des Cuisses du Cheval, que l'on mêlera avec Farine de Féves, Farine de graine de Lin, Thérébentine commune, de chaque quatre onces; Populeum deux onces;

Huile

DE CAVALERIE. 315
Huile de Millepertuis, quatre onces. Délayez le tout avec suffisante quantité de Vinaigre, & en faites un emplâtre que vous appliquerez sur les Reins du Cheval; cela contribuera beaucoup à faire désenfler les Bourses. Il faut faire ce remède dans le même tems que l'on applique l'autre remède sur les Bourses.

Si l'Enflure venoit des piquûres de l'Eperon, il suffiroit de faire une forte décoction avec l'herbe appellée *Bouillon blanc*, du Vin & de la graisse de Porc, & d'en frotter la playe avec une éponge.

Du Poison.

QUAND un Cheval perd tout d'un coup l'appétit, & enfle par tout le Corps, c'est un grand préjugé pour croire qu'il a avalé par mi le Foin ou l'herbe, ou autre nourriture, quelque chose de venimeux. Quoiqu'il soit très-difficile de remédier au Poison, tant parce que de sa nature il détruit promptement les organes, que parce que rarement sçait-on quel il est, & par conséquent sa nature, & encore moins le remède: cependant comme la plus grande partie des Poisons sont caustiques, brûlans, ou corrosifs; ou coagulans, on va indiquer une manœuvre qui doit réussir dans la plûpart de ces cas différens; parce que, faute d'avoir l'antidote particulier de chaque espéce de Poison, si l'on peut empêcher que l'effet du venin ne se développe, on produira le même effet que pourroit faire un Contre-poison. Le reméde suivant est capable d'engluer & d'empâter ce qui se

DE CAVALERIE. 315
trouve dans l'Eſtomach, & d'en empêcher par conſéquent l'action.

Prenez jus de Bouillon blanc, Huile de Noix, de chacun deux onces mêlées enſemble pour les faire avaler au Cheval. Il faut lui faire prendre par-deſſus une chopine de Vin blanc, & lui donner pluſieurs fois par jour des lavemens laxatifs. Si le Cheval n'étoit pas ſoulagé par ce Breuvage, il faudra en ce cas avoir recours au ſuivant.

Prenez Orviétan ou Thériaque de Veniſe, Confection d'Hyacinte, Huile de Noix, de chaque deux onces. Délayez le tout enſemble dans une pinte de Vin blanc, que vous ferez prendre au Cheval.

ARTICLE III.

Des Maladies de l'Arriére-main.

DU CHEVAL ÉPOINTÉ OU ÉHANCHÉ, ET DE L'EFFORT DU JARRET.

L'ON appelle un Cheval Ehanché, lorsqu'il a fait un effort à la Hanche. Le Cheval dans cet effort peut se démettre le Fémur; il peut aussi n'y avoir point de dislocation. On distingue la dislocation, en ce que la tête du Fémur, étant sortie de la cavité Cotyloïde de l'Os des Hanches, elle laisse paroître un creux à la Fesse, proche du tronçon de la Queue : cette marque est une preuve certaine du déplacement de l'Os. L'une & l'autre situation sont très-fâcheuses pour le Cheval, & très-

DE CAVALERIE. 317
périlleuses ; mais la diflocation l'eft le plus fans contredit. On traite la premiere comme les Entorfes, ou comme l'effort de Reins, avec des charges fpiritueufes, balzamiques, & réfolutives ; mais la feconde eft prefque incurable ; ou fi on guérit c'eft par hazard. Voici la manœuvre des Maréchaux, pour en faire la réduction. Ils attachent au Pied du Cheval une forte longe, qui environne l'extrémité du Pâturon : il faut que cette longe foit fort longue, afin que le Cheval puiffe faire quelque pas, fans entraîner l'autre extrémité, que l'on attache à une branche flexible d'un buiffon : quand tout cet appareil eft prêt, on fait partir brufquement le Cheval à grands coups de fouet ; & étant furpris par cette longe, qui le retient au milieu de fa courfe,

& à laquelle il ne s'attend pas, il la tire avec violence; mais en la tirant il s'allonge fortement la Cuiffe, & l'Os dans le moment revenant vis-à-vis de fa cavité, peut y rentrer, mais il peut auffi n'y rentrer pas, & c'eft double mal. Il faut que la branche du buiffon ne foit pas trop forte, afin que de la facade, le Cheval puiffe la rompre ou l'emporter. C'eft pourquoi, quelques Maréchaux préférent une roue chargée de moëlons, pierres, ou autres chofes péfantes, à la branche du buiffon, qui peut faire trop de réfiftance, & ne céde pas comme cette roue, qui eft fort bien imaginée. Mais malgré toutes ces attentions & manœuvres, on guérit peu de diflocations par ce moyen. Les mouvemens & les forces ne font pas affez méfurés;

& pour faire une réduction, le trop est aussi dangereux que le trop peu de forces : c'est pourquoi on y réussit rarement. Après cette opération, quand elle réussit, on fortifie la partie avec des linimens spiritueux, comme Essence de Thérébentine & Eau-de-Vie, & charges, dont il est parlé aux efforts des autres parties.

Au Jarret les Os ne se démettent point, mais le gros Tendon qui va s'inférer à la tête du Jarret, souffre quelquefois une si violente extension, que la Jambe paroit pendante, surtout quand il range la Croupe. On reconnoît encore cette maladie à la douleur & à l'enflure de la partie. Cette maladie peut arriver par les violens efforts que fait un Cheval dans le travail du Maréchal, ou dans des terres grasses & fortes, ou par des causes semblables. La cure est la même que les précédens efforts, excepté que l'on pratique la saignée au plat de la Cuisse, & ensuite celle au Col, crainte de Forbure; après quoi on employe le Séton & le feu pour derniere ressource.

Tous ces efforts proviennent d'avoir trop étendu la Cuisse ou le Jarret, ou de chûtes, & particuliérement lorsque les Chevaux sont trop chargés, & qu'ils sont tellement engagés, qu'ils ne peuvent faire que des efforts inutiles pour se relever.

Toutes ces meurtrissures, ou extensions, ou contusions violentes, soit au Grasset, soit à la Corne de l'Os des Iles ou des Hanches, ou sur l'emboiture du Fémur dans la cavité Cotyloïde, demande le repos, la saignée, les linimens spiritueux, & les charges fortifiantes par-dessus, telles que la suivante.

Prenez semence de Lin pilé, Poix Résine, Poix noire, Thérébentine, Huile d'Olive, Miel, de chacun huit onces; lie de Vin, une pinte. Il faut faire cuire le tout ensemble, l'espace d'une bonne demi-heure: ensuite vous le retirerez du feu, & le remuerez jusqu'à ce que cela soit en état d'être appliqué sur la partie affligée. Vous y en mettrez deux fois par jour; & à chaque fois vous y mettrez du papier brouillard par-dessus, ou de la vessie, ou du parchemin mouillé, pour que le reméde se maintienne. La même emmiélure est bonne pour les Jambes travaillées. En continuant ce reméde dix ou douze jours, on a lieu d'espérer du soulagement; mais il ne faut pas que le Cheval se couche, non plus qu'en faifant le reméde suivant.

Prenez Poix Réfine, Poix graffe, Poix noire, Thérébentine, Miel, vieux Oing, Huile de Laurier, de chaque quatre onces; lie de Vin huit onces. Le tout étant bien cuit enfemble, vous y ajoûterez en le retirant du feu, Efprit de Thérébentine, Huile d'Afpic, Huile de Pétrole, de chaque deux onces; Bran-de-Vin huit onces. Le tout lié enfemble en confiftance d'Onguent.

De l'Enflure de la Cuiffe.

Il y a trois caufes ordinaires de toutes les Enflures qui furviennent, tant à la Cuiffe qu'aux Jambes. Le Coup, la Foulure, & la Fluxion.

Nous avons dit, en parlant des Atteintes & de la Nerférure, que les Enflures provenant de coups ou de meurtrissures, demandoient des résolutifs spiritueux : les Foulures, des remédes astringens d'abord, & ensuite d'adoucissans : & les Fluxions demandent des remédes, tant internes qu'externes, qui puissent dissiper les humeurs & détourner leur cours. C'est pourquoi, si cette humeur vient d'une Fluxion gagnée dans l'Ecurie, comme les jeunes Chevaux y sont sujets, ce qui est un reste de Gourme qu'ils n'ont pas bien jettée, il faut en venir à la saignée, donner au Cheval les Breuvages cordiaux prescrits dans la Gourme, & mettre des emmiélures convenables sur la partie enflée, comme l'Onguent de Montpellier fondu avec la Poix noire, ou bien une charge faite avec demi-livre de Poix noire, autant de Poix grasse, autant de Thérébentine commune, environ un litron de Farine, & demi-livre de Saindoux; & en cas que la partie enflée fût froide, ce qui est un très-mauvais signe, vous y ajoûteriez un quarteron d'Huile de Laurier.

Du Fondement qui tombe, ou qui sort.

CETTE maladie est un prolongement & un relâchement des Muscles releveurs de l'Anus ou Fondement, & d'une partie de l'Intestin, ce qui arrive par foiblesse des parties; mais beaucoup plus souvent par irritation, comme à la suite d'un Tenesme, d'Hémorroïdes, ou de l'amputation de la Queue. Lorsque l'Enflure paroit un peu confidérable, elle eſt très-dangereuſe, parce que la Gangrêne eſt à craindre dans cette partie, ſi elle vient à ſe refroidir, ce qui eſt le ſigne de cet accident. Il faut ſaigner le Cheval & frotter l'Anus avec Huile ou Onguent Roſat. Et encore mieux étuver ſouvent cette partie avec une forte décoction de Mauves, de Guimauves, d'Oignons de Lys & de Bouillon blanc, ſi le mal provient d'irritation, & réitérer ſouvent dans le jour la fomentation avec une éponge trempée dans cette décoction, dont on donnera même deux ou trois lavemens par jour, en ajoûtant à chaque un quarteron de Beurre. Si au contraire ce prolongement venoit d'un relâchement des parties, on feroit pour la fomention une décoction aſtringente avec une poignée de

Sumach, autant de Roſes de Provins, autant d'Ecorſes de Grenade ſéches, & deux onces d'Alun, que l'on fera bouillir dans dix pintes d'eau & réduire à cinq, pour en baſſiner ſouvent le Fondement avec l'éponge.

De la chûte du Membre & de la Matrice; de la Rétention, & de l'Incontinence d'Urine.

L'on appelle fort improprement *Chûte de Membre & de la Matrice*, lorſque ces parties paroiſſent relâchées & ſortir à l'extérieur plus qu'elles ne doivent. Quand le Cheval a uriné, la Verge doit rentrer dans le Foureau. Quand il ne le fait pas, c'eſt ou par relâchement ou par irritation. Quand cela arrive par relâchement, c'eſt préciſément ce qu'on appelle *Chû-*

1e de *Membre*. Quand cela vient par irritation, c'eſt un Priapiſme; on dit de ces Chevaux qu'ils ſont *Barés*. Cette violente érection cauſe une ſi grande inflammation, que tout le reſte du Corps devient enflé, & que les Teſticules rentrent entiérement.

Les Cavales ne ſont pas exemtes d'une maladie fort approchante, que l'on appelle *Chûte de Matrice*, qui n'eſt cependant pas la chûte de cette partie, mais le relâchement du canal qui conduit à cette partie, que l'on nomme *le Vagina*. Cette infirmité qui eſt ordinairement la ſuite d'un accouchement laborieux, quand elle eſt conſidérable, cauſe des ſuppreſſions d'Urine, & la Gangrêne eſt toujours à craindre dans ces accidens.

Tant pour les Chevaux que pour

les Cavales, il faut ufer de lavemens avec le Lait & le Miel commun, & adoucir la partie avec Onguent Rofat, ou Huile Rofat, ou Huile d'Hypéricon, & mettre le Cheval au Son & à l'eau blanche, & lui ôter le Foin & l'Avoine. Si l'inflammation étoit confidérable, & qu'on eût lieu de craindre la mortification, il faudroit baffiner avec Eau Vulneraire, ou Eau-de-Vie dans un verre d'eau tiéde.

Si c'étoit un Cheval *Baré*, vous le méneriez à l'eau courante le matin & le foir, & l'y laifferiez fuivant la fraîcheur de l'eau, plus ou moins long-tems. S'il arrive fuppreffion d'Urine aux Cavales à l'occafion d'un travail laborieux lorfqu'elles mettent bas un Poulain; cet accident peut également leur arriver auffi-bien qu'aux Chevaux

vaux par d'autres occasions. Lorsqu'on force un Cheval de trotter ou de galopper, lorsqu'il a besoin de pisser, & que faute de s'appercevoir de son besoin, on ne lui donne pas le tems de satisfaire à cette nécessité naturelle; la vessie se remplit & se tend outre mesure, ce qui peut causer une inflammation considérable & très-dangereuse, & obligeroit à faire des saignées, à donner des lavemens rafraîchissans, & à mettre le Cheval à l'eau blanche, & sur de la litiére fraîche. Cet accident qui est très-dangereux arrive plus communément à des Chevaux travaillés d'une incommodité tout opposée; c'est l'incontinence d'Urine, parce qu'ayant plus souvent que d'autres besoin de s'arrêter pour pisser, & le Cavalier n'y faisant pas attention, ils souffrent davantage ; c'eſt pourquoi, pour prévenir ces accidens ſouvent funeſtes, il faut tâcher de les rendre capables de garder leur Urine un peu plus long-tems, & pour cela on leur fait prendre pendant un mois ou cinq ſemaines la Poudre ſuivante.

Prenez deux onces de têtes ou fleurs de Bardane, ou Glouteron, c'eſt le *Lappa - major* ; faites-les mettre en poudre très-fine, que l'on paſſera au tamis de ſoye, & mêlez-la avec autant de poudre de Régueliſſe ; faites infuſer le tout dans une pinte de Vin ſur les cendres chaudes le ſoir, & le faites prendre le lendemain à jeun au Cheval. On peut encore donner ces quatre onces de poudre en deux priſes à ſec dans le Son ou dans l'Avoine le matin & le ſoir.

Il eſt important que cette Poudre soit passée au tamis de soye, parce que sans cela elle feroit tousser le Cheval très-violemment.

Si le Cheval pissoit le sang, vous employeriez la préparation suivante.

Faites bouillir trois grosses poignées de Son dans huit pintes d'eau, que vous réduirez à cinq. Passez cette décoction, & y faites bouillir une cinquantaine de Figues, & réduire votre décoction à quatre pintes. Pilez d'autre part dans un mortier de marbre une once de semence de Melon mondé, & une once de graine de Citrouille, & versez à mesure que vous pilerez, votre décoction goutte à goutte. Vous verserez par inclination l'eau blanche qui surnâgera dans le mortier, & pilerez de nouveau ce qui restera dans le mortier, en versant de même jusqu'à la fin, votre décoction goutte à goutte, & y ajoûtez sur chaque pinte une once & demie de Sirop de Nenuphar: Faites-en prendre une pinte le matin & autant le soir. En Eté il n'en faut faire qu'une prise à la fois, parce que cette liqueur s'aigriroit du matin au soir. Il faut continuer ce reméde quelque tems, même après la guérison ; & pendant le cours de la cure, il faut que le Cheval ne soit nourri que de Son chaud ou d'Orge écrasée au moulin, & de paille de Froment, sans Foin ni Avoine.

Des Hernies, ou Descentes.

CE qu'on appelle *Hernie* ou *Descente*, c'est lorsqu'un des Intestins trop comprimé dans le Ventre par l'effort des Muscles, cherchant à s'échaper, force la partie la plus foible du Péritoine à l'endroit où passe le cordon des Vaisseaux Spermatiques, & descendant le long de ce cordon, vient joindre par son poids le Testicule qui est dans la Bourse du même côté, & fait avec lui une tumeur si considérable, qu'elle met le Cheval en danger de perdre la vie, s'il n'est promptement secouru.

Il faut aussi-tôt que l'on s'en apperçoit, tâcher de faire rentrer la tumeur. Si l'on n'en peut venir à bout, il faut jetter le Cheval par terre sur un terrain mol, ce qui se fait en lui mettant les entraves; puis le renverser, & lui écarter les Jambes de derriere, pour tâcher de faire la réduction du Boyau; & quand elle est faite, appliquer dessus les Bourses, pour les resserrer, & raffermir aussi le Péritoine, l'Emmiélure rouge, qui se compose ainsi : Prenez Suif de Mouton, une livre & demie; graisse de Chapon, ou de Cheval, ou Saindoux, une livre; Huile tirée des os de Bœuf ou de Mouton, ou au défaut, Huile de Lin ou d'Olive, demi-livre; gros Vin rouge le plus foncé, deux pintes; Poix noire & Poix de Bourgogne, de chaque une livre; Huile de Laurier, quatre onces; Thérébentine commune, une livre; Cinabre en poudre, quatre onces; Miel commun, une livre & demie; Sang-Dragon, trois onces; Onguent de Montpellier, demi-livre; Eau-de-Vie, demi-septier; Bol fin ou du Levant en poudre, trois livres.

Ayez un chaudron ou une bassine, & mettez dedans, le Suif,

la graisse de Chapon, l'Huile des Os, & le Vin; faites cuire à petit feu tous ces ingrédiens, jusqu'à ce que le Vin soit consumé, remuant de tems-en-tems, puis mettez les Poix, faites-les fondre & ajoûtez l'Huile de Laurier & l'Onguent de Montpellier. Retirez du feu, & y mettez alors la Thérébentine, & la remuez bien; ensuite mélangez bien le Sang-Dragon, après cela le Miel, & enfin le Bol en poudre fine; depuis que la matiére est hors de dessus le feu, il ne faut cesser de la remuer, jusqu'à ce qu'elle soit totalement refroidie. Quand elle est froide, ou presque froide, vous y jettez un demi-septier de la plus parfaite Eau-de-Vie, & pour y donner du corps, vous y ajoûtez suffisante quantité de fine-fleur de Farine de Froment. Cette composition est un peu longue à faire, mais en récompense elle se garde un an, & son usage est si excellent, que si ce n'étoit la cherté des ingrédiens, nous l'employerions partout où nous prescrivons l'emmiélure commune.

Comme l'Onguent de Montpellier entre dans cette composition, & que nous en recommandons souvent l'usage dans plusieurs maladies décrites dans ce Livre, nous en donnerons ici la description. Il est très-aisé à faire, puisque ce n'est que le mélange de parties égales de Populeum, Onguent d'Althéâ, Onguent Rosat & Miel, mélangés à froid dans un vaisseau. Cet Onguent est si efficace, qu'il peut suppléer, en cas de besoin, à presque toute charge ou emmiélure. On peut, après avoir appliqué cette charge, ou au défaut

de

de cette emmiélure, appliquer sur les Bourses la préparation suivante, qui forme un petit matelas fort astringent.

Prenez Racine de grande Consoude, Ecorce de Grenade & de Chêne, Noix de Cypres & de Galles vertes, grains de Sumach & d'Epine-vinette, de chacun quatre onces; semence d'Anis & de Fenouil, de chacun deux onces; fleurs de Grenade, Camomille & Melilot, de chaque deux poignées; Alun crud en poudre, une demi-livre: mettez tout le reste en poudre grossiére, & en remplissez un sachet, qui puisse envelopper les Testicules, & au-delà, faites piquer ce sachet comme on pique un matelas, & le faites bouillir dans du Vin de Prunelles, ou dans du gros Vin de Teinte, avec un litron de grosses

Féves. Appliquez ce petit matelas tout chaud sur les Testicules, & le retenez adroitement par des bandages convenables : si ces remédes ne suffisoient pas, ou que l'on n'eût ni le tems ni la commodité de les faire, le plus court & le plus sûr seroit de châtrer le Cheval.

Du Vessigon.

Le Vessigon est une tumeur de la grosseur de la moitié d'une Pomme, plus ou moins, suivant le tems de la formation, situé entre le gros Nerf ou Tendon, & la pointe du Jarret. Comme il y a un intervalle entre l'Os de la Cuisse & le gros Nerf, en pressant cette tumeur du côté où elle paroît le plus, elle passe par-dessous cette arcade, & se manifeste aisément de l'autre. Ces tumeurs

DE CAVALERIE. 339

viennent ordinairement de fatigue, & quelquefois le repos seul les dissipe. Elles sont sans douleur, & n'incommodent pas beaucoup le Cheval dans les commencemens : car même quand elles sont récentes, on ne s'en apperçoit point lorsque le Cheval plie le Jarret ; mais lorsque les deux Jarrets sont tendus, & qu'il est campé.

On prétend que les Ecuries, qui sont trop en talus, sont capables de procurer ce mal.

Il vient aussi à la suite d'un effort de Jarret, & pour avoir été monté trop jeune. C'est pourquoi la plûpart des Chevaux Normands, qui communément sont montés dès trois ans, y sont fort sujets.

Pour ôter ce mal, il faut résoudre & resserrer ; ainsi, prenez

F f ij

trois onces de Galbanum & autant de Mastic, avec une livre du Bol du Levant, & en faites une charge avec une pinte de fort Vinaigre.

Le reméde suivant est excellent pour les Vessigons, Molettes, & autres tumeurs molles. Demi-livre de Sel, autant de Soulfre en canon, pilés ensemble dans un mortier, y verser ensuite deux pintes de fort Vinaigre, garder cette composition dans des bouteilles, & en bassiner la partie à rebrousse-poil trois fois le jour.

Si ces remédes ne réussissent point, ayez recours au feu pour arrêter du moins les progrès de ce mal. Ou bien, faites l'opération, qui se pratique en donnant dessous une pointe de feu, qui perce la tumeur dans la partie latérale & inférieure, à l'endroit le plûs gros, pour donner écoulement aux eaux rouffes qui y font contenues, vous mettrez dedans une tente chargée de fupuratif, & par-deffus une emplâtre d'Onguent de Cérufe, qui enveloppe tout le Jarret, pour refferrer la tumeur, & en faire fortir les eaux qui y font contenues ; baffinez enfuite de quatre-en-quatre heures avec de la lie de Vin Aromatique ; & fondez de jour à autre avec la fpatule graiffée de Bafilicum, de crainte que le trou ne fe rebouche trop tôt. Il faut avoir foin de faigner le Cheval & de le purger, crainte de Forbure.

De la Courbe.

C'EST une tumeur longue & dure, qui occupe le gros Nerf ou Tendon du Jarret à la partie interne, & cause quelquefois enflure & douleur jusqu'au bas du Pied. Cette tumeur est un amas d'humeurs gluantes & visqueuses, échappées par la rupture de quelques filamens nerveux du Jarret, qui aura été forcé par trop de travail, ou dans une grande jeunesse. Elle augmente depuis la grosseur d'une Aveline ou d'une Noix, jusqu'à un volume excessif, & naît plus bas que le Vessigon, dont elle différe en ce que ses progrès se font en descendant vers la partie inférieure du Jarret. Quand elle est récente, on applique dessus un *Rétoir*, c'est ce que les Apotiquaires appellent un *Vésicatoire* pour les Hommes ; mais si elle est ancienne, le feu même y fait peu de chose ; il est pourtant seul capable de l'arrêter. Il est vrai qu'il ne la dissipe pas toujours, mais du moins il en empêche le progrès.

On peut aussi se servir du Rétoir suivant, qui réussit souvent ; prenez une once de Racine d'Elébore noire, une once d'Euforbe ; une once de Cantarides : pulvérisez ces drogues séparément, pour les mêler ensuite toutes les trois ensemble ; incorporez le tout avec de la Thérébentine de Venise, & deux fois autant d'Huile de Laurier, jusqu'à ce que le mélange soit en consistence d'Onguent ; lorsque l'on veut s'en servir, il faut raser le poil le plus près que l'on peut, & avec une spatule l'étendre sur la partie ; cinq ou six heures après on commencera à voir couler des eaux rousses à travers la peau ; le lendemain, il faut avec la même spatule ôter délicatement l'Onguent de la veille, en remettre de nouveau, & continuer de même pendant sept à huit jours; il ne faut pas que le Cheval se couche pendant qu'on lui appliquera le reméde, ni encore de sept à huit jours après, il ne faut pas non plus s'étonner si le Jarret & la Jambe s'enflent; car au bout de trois semaines, en promenant doucement le Cheval tous les jours, la Jambe & le Jarret défenflent sans y rien faire, & le poil reviendra par la suite comme auparavant. Il faut aussi le saigner crainte de Forbure.

On peut aussi, lorsque le mal est récent, se servir d'Esprit de Vin camphré à la doze d'une once par pinte, en appliquant en dehors & en dedans du Jarret deux éponges imbibées de cette liqueur, on retient cet appareil autour sans trop serrer, & il faut avoir soin de réimbiber plusieurs fois dans le jour ces éponges, sans lever l'appareil; ce que l'on continue une quinzaine de jours.

De la Varisse.

LA Varisse est une tumeur molle, longue, située ordinairement à la partie latérale interne de la Jambe, vers le pli du Jarret, provenante de la dilatation d'une branche de la Veine Crurale qui passe en ce lieu. Cette tumeur dans son origine n'excéde pas la grosseur d'une Noisette ou d'une Aveline, & acquiert par laps de tems celle d'une grosse balle de paume. Cette tumeur est roulante, & semble n'avoir aucune adhérence entre cuir & chair, & est caractérisée par sa mollesse & son insensibilité. Cette tumeur n'est point de conséquence dans les commencemens, mais elle dépare un Cheval, & peut effrayer un Acheteur, qui ne sçait ce que c'est, quoique le Cheval n'en boite pas, & ne laisse pas de travailler aussi-bien qu'à son ordinaire. Cette maladie est, aussi-bien que la précédente, le fruit d'un travail outré ou prématuré, ou de quelque violent effort, qui empêchant subitement le sang qui remonte d'achever son cours, créve les Valvules, & dilate considérablement la Veine. De moindres efforts souvent réitérés produisent le même effet.

Quelques-uns conseillent de barer la Veine au-dessus & au-dessous, & de froter l'enflure qui survient avec l'Huile de Laurier; mais à cause de cette même enflure, on devroit préférer deux ou trois raies de feu, qui n'entâme-

roient point la Veine, & pourroient la refferrer, ou du moins,
comme aux maux précédens, l'empêcher de groffir.

 Ni l'un ni l'autre de ces reme-
des ne guériffent parfaitement cette maladie.

De l'Eparvin.

O<small>N</small> diftingue trois fortes d'E-
parvins. L'Eparvin Sec, l'Epar-
vin de Bœuf, & l'Eparvin Cal-
leux.

 L'on appelle *Eparvin Sec*, une
maladie du Jarret, où il ne paroît ni tumeur ni ulcére, mais
dont on s'apperçoit aifément, parce que le Cheval harpe au fortir
de l'Ecurie, reléve fa Jambe plus
haut que les autres, & la rabat
plus vite contre terre. Ce mouvement eft fi marqué & fi fenfi-

ble, qu'il n'eſt pas poſſible de s'y méprendre, parce qu'il a quelque choſe qui tient du convulſif. Lorſqu'un Cheval a deux Eparvins ſecs, c'eſt-à-dire, qu'il trouſſe également les deux Jambes de derriere, cela ne laiſſe pas de lui donner de l'agrément pour le Manège ; mais s'il n'en a qu'à un Jarret, il paroît marcher comme s'il étoit boiteux. Les Chevaux de Chaſſe ou de Campagne qui ont des Eparvins, ne ſont ni ſi vîtes ni ſi commodes que les autres ; & quoique ce mal ne ſoit pas douloureux dans les commencemens, il fait enfin boiter un Cheval, & les Chevaux de cette eſpéce ne ſont pas bons pour en tirer race.

L'autre eſpéce que l'on nomme *Eparvin de Bœuf*, parce que ces Animaux ſont fort ſujets à cette maladie, se remarque par une tumeur qui vient sur les petits offelets du Jarret, à la partie interne sur la Veine, (qui est la *Saphene*) comme une espéce du Suros, insensible d'abord, mais qui croît avec le tems considérablement, & est toujours assez molle ; le Cheval n'en boite pas toujours.

Il y en a une troisiéme espéce, qui vrai-semblablement n'est que cette seconde espéce dégénérée ou plûtôt augmentée, & qui n'en différe, qu'en ce que la tumeur est dure, calleuse, & que le Cheval en boite tout-bas. Cette espéce est la pire de toutes, & est très-difficile à guérir.

On distingue l'Eparvin de la Courbe, en ce qu'il ne vient jamais si haut que celle-ci, & on distingue l'Eparvin sec des deux autres, en ce que les Chevaux incommodés du premier plient extraordinairement les Jambes, & avec vîteſſe, & les autres les plient, ou plûtôt les étendent auſſi avec vîteſſe, mais les plient très-peu.

Les Chevaux fins, comme Barbes, Eſpagnols, &c. ou nourris dans des terrains chauds & arides, ſont plus ſujets à l'Eparvin ſec. Les Chevaux nourris dans des pâturages gras & humides, ſont plus ſujets aux deux autres eſpéces.

Comme l'Eparvin ſec n'eſt autre choſe qu'une grande roideur dans le Jarret, on employe tout ce qu'il y a de plus émolliant pour aſſouplir cette partie, & en rendre les reſſorts plus liants.

Vous n'avez qu'à prendre un demi-verre de quelque Huile émolliente, comme Huile de Lys ou autre, avec un verre de Vin,

DE CAVALERIE. 351
battre le tout ensemble, & en oindre le Jarret.

Il y a des gens, qui, pour ce mal, barent la veine, & coupent le Nerf qui est à côté de la Veine, ce que quelques-uns assurent avoir vû réussir sur le champ. Cette observation donneroit lieu de penser, que ce mal ne seroit qu'un desséchement ou obstruction du Nerf, qui se racourcit, & tient la partie comme bridée; vous observerez aussi, qu'en parlant ici du Nerf, nous entendons proprement le Nerf & non le Tendon.

Les Marchands de Chevaux se servent, pour toutes les grosseurs du Jarret, d'un mélange de blancs d'Œufs, de Vinaigre, & de terre glaise; mais le bol qui coûte un peu plus, est aussi plus efficace, & par conséquent préférable. Mais tous ces remédes ne font que pallier le mal pour quelques jours ; il faut donc avoir recours au feu, qui est le seul reméde efficace pour ce mal, lorsqu'il paroît une tumeur, c'est-à-dire, pour les deux autres espéces d'Eparvins. On le donne de deux manieres différentes. On se sert du Cautere actuel & du Cautere potentiel. On appelle *Cautere actuel*, celui que l'on donne avec des instrumens de fer, de cuivre, d'argent, ou d'or rougis au feu ; & pour brûler la peau, & fondre les tumeurs qui se trouvent dessous, ou resserrer des parties relâchées, par la bride que forme la cicatrice.

Le *Cautere potentiel*, est ce que les Maréchaux appellent *Feu mort* ou *Feu mourant*, & est plus fort & plus pénétrant, que le Rétoir, qui a le degré d'activité du Véficatoire dans la Médecine, pour les Hommes,

Hommes, qui n'enléve, que la furpeau ou l'épiderme, avec leur poil, (qui revient enfuite:) au lieu que le feu mort eft précifément ce que l'on nomme *Cautere*, *Cauftic*, *Efcharautique*, &c. Ce reméde beaucoup plus puiffant, brûle infenfiblement, ou fait tomber en pourriture la portion de peau & de chair, qu'il pénétre au travers de la peau ; cette portion de chair brûlée ou pourrie, s'appelle (lorfqu'elle vient à fe féparer de la chair vive & à tomber) *Efchare*.

L'Onguent Cauftic eft donc bon pour toutes fortes de groffeurs & duretés, d'où l'on veut faire tomber une efchare pour les fondre par fuppuration. Prenez Euforbe, Sublimé corrofif, Hellebore noir, Cantarides & Mercure vif, de chacun une once; fleur de Soulfre, deux onces; Huile de Laurier six onces. Mettez le tout en poudre fine; éteignez le Mercure dans la fleur de Soulfre à force de broyer, jusqu'à ce que le Mercure n'y paroisse plus; ensuite vous mêlerez le tout avec l'Huile de Laurier pour en faire un Onguent, duquel vous vous servirez sur l'Eparvin, Suros, ou autre dureté que vous voudrez dissiper. Après en avoir rasé le poil, il faut en appliquer une fois par jour pendant trois jours, ce qui ne manquera pas de faire tomber un Eschare, pour lequel vous vous servirez de la pomade de Miel & de Saindoux, pour y faire revenir le poil. Si ce reméde ne réussit pas, ou que l'on se détermine d'abord à donner le feu avec des fers chauds, ce que l'on est quelquefois obligé de faire après avoir employé inutilement les autres remédes, il faut avoir soin de laisser reposer un Cheval au moins une quinzaine de jours, ou plûtôt jusqu'à ce qu'il ne boitte presque plus, & oindre tous les jours la tumeur avec la pomade susdite.

Du Jardon ou *de la Jarde.*

C'est une tumeur calleuse & dure, qui fait une grande douleur à la jointure où elle vient : elle est quelquefois si grande, qu'elle embrasse la partie interne & externe du Jarret, & monte quelquefois au-dessus des osselets. Cette maladie vient encore plus bas que la Courbe, & commence par le dehors du Jarret.

Elle est quelquefois héréditaire, & souvent le fruit d'un effort, comme d'un arrêt trop subit au bout d'une courfe précipitée, &c.

Il n'y a guéres d'autre reméde à ce mal, que le feu; cependant pour le donner avec fuccès, & de façon qu'il paroiffe moins, on peut amollir la partie avec des emplâtres réfolutifs tels que le *Diachylon cum gummi*, & le *Diabotanon* mêlés enfemble, & un tiers d'Onguent d'Althéâ. Au bout de fept à huit jours, vous trouverez la dureté amollie, & peut-être même diffipée; mais comme il eft impoffible que ce foulagement foit de durée, que le mal foit diffipé ou non, on met le feu deffus en forme de plume, & on bare la Veine avec le feu légérement dans deux ou trois endroits.

Du Capelet, ou Passe-campagne, & de l'Eperon.

On appelle *Capelet*, ou communément *Passe-campagne*, une tumeur, qui vient sur la pointe du Jarret, qui ne fait pas grande douleur dans l'abord, & provient ou de coups, ou de ce que le Cheval s'est frotté contre quelque chose de dur, comme il arrive aux Chevaux de Carosse, qui se donnent des coups ou se frottent aux panoniers, aux piliers, ou aux bares de l'Ecurie. On guérit ce mal assez aisément dans les commencemens, & il ne le faut pas négliger alors, parce que l'on n'en vient pas aisément à bout, quand il est vieux, & que le Cheval n'est plus capable d'un grand travail.

L'*Eperon* est une tumeur provenante de cauſe aſſez ſemblable, mais dans un lieu différent. Son ſiége eſt ſur les Muſcles, Membranes & Tendons du Jarret, qui vont aboutir, à ce qu'on appelle la pointe ou la tête du Jarret. Ce mal dans les commencemens eſt peu de choſe, & ſe peut guérir avec l'eau fraîche ſeule, ou l'Eau-de-Vie camfrée; mais dans le *Capelet* la contuſion étant faite des parties membraneuſes, appliquées & tendues fortement ſur les Os, la douleur en eſt beaucoup plus vive, & les conſéquences plus fâcheuſes.

Pour emporter ce mal, il faut frotter pluſieurs jours de ſuite la tumeur avec de l'Eau-de-Vie camfrée; enſuite y appliquer la charge du Veſſigon, ou bien un mêlange de parties égales d'eſprit de Thérébentine, & de Vinaigre de Vin, ou au défaut de Savon ordinaire fondu dans de l'Eau-de-Vie; ou encore d'un mélange de deux livres de Vinaigre de Vin, autant d'Urine d'un jeune homme sain, & d'un quarteron de Sel Ammoniac, dans lequel on imbibe une éponge que l'on applique sur le mal, & que l'on y retient avec une vessie mouillée & des bandes plates.

Si ces remédes ne suffisoient pas, passez un Séton au travers de la tumeur, pour en faire sortir les eaux rousses, qui pourroient gâter le Tendon, ou bien mettez-y le feu en étoile, ayant soin de faire descendre la raie du milieu assez bas sur le Tendon derriere le Canon, en cas que la tumeur occupe cette partie.

Des Solandres.

La Solandre est précisément au pli du Jarret, ce qu'est la Malandre à celui du Genou : l'un & l'autre sont des crevasses, d'où suintent des eaux.

La Solandre est plus rébelle que la Malandre ; c'est pourquoi on saigne & on purge de tems-en-tems les Chevaux attaqués de Solandres.

On fait une charge avec les herbes Aromatiques bouillies dans cinq à six pintes de lie de Vin, avec chopine d'Eau-de-Vie & demi-livre de Saindoux ou vieux Oing. Quand l'inflammation est passée, on se sert de la Moutarde ordinaire, pour achever de dessécher, & si ce reméde ne suffit pas, vous employerez le suivant qui est composé de parties égales
d'Huile

d'Huile de Chenevis, de Miel, de vieux Oing, de Verd de gris, de Poix noire, de fleur de Soulfre, de Mercure, de Couperose blanche, d'Orpin & d'Alun. On réduit en poudre le Mercure avec la fleur de Soulfre à force de le remuer & de broyer; on met les autres drogues en poudre séparément, & on incorpore le tout avec l'Huile de Chenevis, le Miel & le vieux Oing, pour le faire cuire dans un vase de terre pendant un petit quart-d'heure à un feu modéré. Il faut éviter avec soin la vapeur qui s'éléve de cet Onguent pendant sa cuisson, parce qu'elle est capable d'empoisonner. Ce même reméde est fort bon pour les Mules traversiéres, & pour les Malandres.

Au défaut de cet Onguent qu'on ne peut avoir partout, vous avez encore le Populeum, le Savon noir & le Beurre mêlés ensemble à parties égales, & qui est excellent pour les mêmes maux.

Des *Queues de Rat* ou *Arêtes*.

On appelle *Arête* ou *Queue de Rat*, une espéce de croûte dure & écailleuse, qui vient tout du long du Tendon, qui va aboutir au Pâturon, & qui fait tomber le poil, & forme une espéce de raie qui sépare le poil des deux côtés, d'où il sort en Hiver dans les tems humides des eaux rousses & puantes, & qui en Eté dans les tems secs, & dans un terrain aride & poudreux, est recouverte d'une espéce de croûte. Ce défaut fait rarement boitter un Cheval, à moins qu'il ne travaille dans un tems excessivement froid, dans la neige ou dans la glace. Il rend seulement les Jambes un peu roides. Les Chevaux fins y sont peu sujets, ayant peu de poil aux Jambes.

L'on se sert pour ce mal de dessicatifs. En voici qui sont éprouvés: Prenez Noix de Galle, Alun & Couperose, de chaque un demi-quarteron ; faites bouillir le tout dans deux pintes d'eau, & en lavez la partie.

Ou bien, prenez Verd de gris, deux onces, Couperose autant, incorporez dans un quarteron de Miel, & en frottez les Arêtes.

Des Eaux.

Ces Eaux sont une humidité blanche, gluante, visqueuse & puante, qui suinte au travers du cuir, sans y faire d'ouvertures senfibles. Ce mal commence par les côtés du Pâturon, & n'eſt alors que l'avant-coureur de pluſieurs autres infirmités plus grandes. Ce mal par la ſuite gagne toute la Jambe en remontant, & fait tomber le poil par ſon âcreté corroſive. L'enflure & la douleur en ſont les premiers ſignes. Quand le mal vieillit, il ſurvient des grapes, des crevaſſes & des poireaux, & dans cet état les Eaux détachent quelquefois le Sabot d'avec la Couronne, au Talon.

Les Chevaux nourris dans des lieux marécageux, ſont plus ſujets à ce mal que ceux des autres Pays, tant parce que cette maladie y eſt comme héréditaire, que parce qu'elle eſt facilement cauſée, entretenue & rappellée par l'humidité des marécages & pâturages trop aquatiques, où ils ont été nourris, ou dans lesquels ils vivent. Les Chevaux fatigués peuvent aussi être attaqués de ce mal, & c'est une marque d'une Jambe usée. Ce mal, comme on le voit, mérite toute sorte d'attention dès qu'on le voit naître, pour en pouvoir prévenir les suites, & en arrêter les progrès qui se font assez & trop rapidement. Il faut donc observer d'abord si cet écoulement est accompagné d'inflammation ou non.

Quand il y a inflammation, on se sert du cataplâme suivant, qu'on appelle *Emplâtre blanche* : on le compose ainsi. Prenez un demi-litron des quatre Farines, faites-en de la Bouillie dans trois demi-septiers de Lait. Lorsque la Bouillie sera un peu cuite, il faut y mettre dedans une demi-livre de Thérébentine, demi-livre de Miel, demi-livre de Poix grasse, demi-livre de Suif de Mouton, deux ou trois Oignons de Lys cuits sous la cendre, & pilés avec une demi-livre de Saindoux; le tout mêlé ensemble. Il faut que cette Bouillie ne soit ni trop claire ni trop épaisse, & l'application s'en doit faire sur du linge & des étoupes.

S'il n'y a point d'inflammation, ou l'inflammation étant passée, on fait au milieu de la Fesse, c'est-à-dire, au haut de la Cuisse, à la partie postérieure, une incision longitudinale, pour pouvoir y introduire un morceau de Racine d'Hellebore noir, de la grosseur d'une Amande, trempé dans du Vinaigre. On y fait ensuite un point de Suture avec une forte éguille, & du fil ciré pour retenir ce morceau de Racine en place, & pour réunir la peau, & on y laisse ce morceau jusqu'à ce qu'il tombe de lui-même. Cette Racine attire une suppuration abondante, & fait une dérivation considérable des humeurs qui se porteroient aux parties inférieures. Si l'enflure ne diminue point, on rasera le poil tout autour, & on lavera la Jambe enflée avec la composition suivante.

Prenez six pintes d'eau, demi-livre d'Alun, autant de Couperose blanche, un quarteron de Noix de Galle, & deux gros d'Arsénic, le tout en poudre; faites tiédir seulement dans un pot, & en bassinez la partie.

On peut encore se servir de cette préparation-ci, qui n'est pas fort différente.

Prenez deux livres de Miel, demi-livre d'Alun, autant de Couperose, un quarteron de Noix de

Galle, une once de Sublimé, le tout en poudre paſſée au tamis ; mettez ſur le feu, & auſſi-tôt que le Miel commence à bouillir, retirez & oignez la partie tous les jours.

Ce même reméde eſt bon pour les Poireaux.

Mais tous ces remédes ſeroient inutiles, non ſeulement pour préſerver de la récidive, mais même pour achever la cure & deſſécher les Eaux, ſi l'effet des remédes déſiccatifs employés à l'extérieur, n'étoit appuyé par des remédes donnés intérieurement, capables de détourner le cours des humeurs qui ſe portent continuellement, & par la pente naturelle, & par l'habitude que la fluxion a occaſionné, ſur les parties inférieures.

Il faut donc, s'il n'y a point d'inflammation, avoir ſoin de faigner & de purger le Cheval de tems à autre. Et s'il y avoit inflammation, on attendroit qu'elle fût paſſée. On peut, par exemple, le purger de la maniere ſuivante.

Prenez Aloës Soccotrin, deux onces; Séné, une once, le tout en poudre fine; Huile d'Olive, une livre; mêlez le tout enſemble, & faites-le prendre au Cheval que vous aurez ſoin d'empêcher pendant la nuit de manger; & le ferez reſter encore cinq ou ſix heures après ſa médecine ſans boire ni manger; enſuite vous lui donnerez du Son mouillé & de l'eau blanche. En cas qu'elle n'opére pas, le lendemain à pareille heure qu'il aura pris la médecine la veille, il faudra le faire promener doucement, & lorſqu'elle commencera à opérer, le remettre à l'Ecurie bien couvert pour le tenir chaudement, & lui préfenter de tems-en-tems un peu de Son mouillé mêlé avec du Miel, ou bien un peu d'Avoine, mais peu à la fois; car les purgations dégoûtent les Chevaux : mais on leur fait revenir l'appétit, foit par l'*Affa-fœtida*, ou quelqu'autre reméde femblable.

Si l'on veut une médecine qui opére plus promptement, on ufera de la fuivante. Prenez Aloës Soccotrin, deux onces; Mane graffe, deux onces, ou deux onces & demi; Criftal Minéral, demi-once, que l'on incorporera dans fuffifante quantité de Miel, pour en faire des Pillules, de la groffeur d'une Noix, que l'on roulera fur de la poudre de Régueliffe, pour faire avaler les unes après les autres, faifant avaler entre chacune un petit verre de Vin au Cheval.

Si l'on veut rendre cette médecine plus active, il n'y a qu'à y ajoûter une demi-once, ou même une once, (suivant la force du Cheval) d'Agaric en poudre. L'on peut aussi employer avec succès cette médecine avec l'Agaric dans les fluxions sur les Yeux, & lorsqu'un Cheval est sujet à des étourdissemens, le lendemain à pareille heure que vous aurez fait prendre les Pillules, si elles ne faisoient pas leur opération, vous feriez la même manœuvre que nous venons de dire qu'il falloit faire quand la potion purgative n'opéroit pas.

Si le Cheval étoit foible & languissant, on pourroit se servir des Pillules suivantes. Prenez Beurre frais, huit onces; Miel Rozat, quatre onces ; Séné, une once ; Coloquinte, Baies de Laurier, Safran, de chaque demi-once ; Sucre, deux onces ; Coriande, Canelle, Mitridate, de chaque une once. Le tout bien pulvérifé & mêlés enfemble ; faites des Pillules, dont vous donnerez la moitié un jour le matin, avec un peu de Vin par-deffus, pour que le Cheval puiffe avaler facilement, & le lendemain matin vous donnerez l'autre partie de la même maniere.

Des Mules traverfieres, & Crevaffes.

CETTE maladie provient de l'Acrimonie d'une humeur qui cautérife la partie où elle a fon cours, elle eft fort douloureufe, en ce que la douleur fe trouvant précisement dans le centre du mouvement, qui est la jointure, derriere le Boulet, elle se renouvelle à chaque pas. D'abord il ne paroît qu'une simple crevasse, d'où il suinte des eaux puantes, quelquefois même un peu troubles & blanchâtres, comme si elles étoient purulentes. Lorsque cette crevasse n'a fendu que le cuir extérieur, (soit qu'elle provienne de cause externe, comme d'avoir marché dans la boue, dans la glace, &c. ou même qu'elle provienne de cause interne, comme des eaux, ou d'une disposition à en avoir,) n'est pas encore dangereuse, & se peut guérir, assez aisément même, si elle provient de cause externe; & alors elle ne mérite le nom que de simple *Crevasse*. Mais si non seulement le cuir se trouve fendu, mais encore que l'âcreté de l'humeur jointe aux mouvemens continuels de cette partie, ait corrodé & divisé les membranes qui recouvrent les jointures dont cette partie est remplie, & qu'en introduisant un stilet ou une paille dans cette ouverture, l'on entre sans résistance dans un vuide d'un travers de doigt, ou deux de profondeur, pour lors le mal est très-dangereux, & mérite le nom de *Mule traversiere*. Il faut donc des remédes plus ou moins forts, & plus ou moins d'exactitude dans le régime, suivant que ce mal est plus ou moins invétéré.

Dans le cas de la simple crevasse, tous les remédes employés pour les Solandres & les Malandres, sont convenables, & même suffisans; mais lorsque la crevasse pénétre un peu plus avant, il faut quelque chose de plus efficace employé avec une méthode très-exacte. Il faut premierement que le Cheval garde, autant que faire se peut, un parfait repos, & ne forte point de l'Ecurie. On peut se servir des remédes suivans.

Faites brûler dans une poële, une demi-livre de Beurre salé, & en faites des onctions matin & soir.

Ou bien, faites légérement bouillir demi-livre de Miel avec Couperose blanche & Noix de Galle, de chaque une once, & en user de même.

On peut encore se servir d'une pinte de Lait, dans laquelle on aura fait bouillir un quarteron de Couperose blanche, & en laver la playe plusieurs fois par jour.

L'Onguent suivant qui est fort bon pour cette maladie, s'employe aussi avec succès dans les

Malandres & Solandres.

Prenez Huile de Chenevis, Miel, vieux Oing, Verd de gris, Poix noire, fleur de Soulfre, Mercure vif, Couperose blanche, Orpin, Alun de glace, de chaque deux onces. Il faut bien pulvériser le Mercure vif avec la fleur de Soulfre, jusqu'à ce que le tout soit en poudre noire; ensuite mettre toutes les autres drogues en poudre. Incorporez le tout avec l'Huile de Chenevis, le Miel & vieux Oing, & le mêlez dans un pot de terre, pour le faire cuire à petit-feu, en remuant toujours, pendant un bon demi-quart d'heure, après-quoi vous le retirerez du feu, remuant toujours la composition, jusqu'à ce qu'elle soit froide. Il faut éviter de se mettre sur la fumée, qui est un poison. Vous vous servirez de cette composition pour panser

DE CAVALERIE. 377
panser tous les jours jusqu'à guérison. Le suivant est plus simple, & est bon aussi pour les mêmes maux.

Prenez Savon noir, Populeum, Beurre frais, de chaque deux onces, le tout bien mêlé ensemble en Onguent : frottez-en tous les jours jusqu'à guérison.

Quand il y a pourriture, ou quelque filandre dans la playe, il faut employer l'Onguent suivant, qui est fort détersif. Prenez Beaume de Saturne, Céruse, de chaque huit onces ; Miel commun, vingt-quatre onces ; mettez le tout ensemble dans un pot de terre, & le faites cuire à petit-feu, remuant toujours avec une spatule, afin qu'en bouillant, cette composition n'excéde point le bord du pot ; lorsque cela sera mis en consistence d'Onguent, vous le retirerez de dessus le feu, & le laisserez refroidir en remuant toujours jusqu'à ce que la chaleur soit tout-à-fait éteinte. Quand les Tendons & les Os sont tout-à-fait découverts, il faut se servir de la teinture d'Aloës faite dans l'esprit de Thérébentine, & mettre sur la Jambe un détersif ou restraintif, comme aux Entorses & Foulures : on bassinera la playe à chaque fois avec du Vin sucré ou miellé.

Des Poireaux & des Grapes.

ON appelle *Poireaux* une tumeur qui provient de l'extravasion surabondante du suc nerveux, qui compose le rézeau de la peau, & forme ces éminences grenues & canelées, qui couvrent la superficie de cette excroissance; sa substance est d'une dureté plus grande que celle de la peau, & approche de la confiftence de cette Corne particuliere aux Chevaux, que l'on appelle *Châteigne*. Les Jambes fujettes aux eaux font fort expofées à tous ces accidens qui en font les fuites prefque inévitables. Quand une Jambe en eft un peu gorgée, & qu'elle commence à fuinter, on en voit bientôt fortir des Poireaux & des Grapes.

Les *Grapes* ne font autre chofe que de petits boutons éréfipélateux, ou une efpéce de Galle à boutons, qui fe multipliant fouvent autour d'un même point, repréfentent imparfaitement en petit une grappe de Raifin, ou plûtôt de Grofeille. Ce mal eft moins difficile à guérir que les Poireaux, mais n'eft pas à négliger, parce qu'il les annonce dans peu. Quand on s'en apperçoit, on commence par couper le poil plus ras qu'il est possible, puis avec un bouchon de paille on frotte assez rudement, pour que le sang puisse couler de toutes les Grappes, c'est-à-dire, pour crêver tous ces petits boutons, & on applique dessus de la composition suivante, étendue sur des étoupes.

Prenez environ huit ou dix pintes de Bierre que vous mettrez dans un grand vase, ensuite pilez dix-huit ou vingt Oignons de Lys, & cinq ou six poignées de Racine de Guimauve; faites bouillir le tout ensemble pendant un quart d'heure, puis y ajoûtez Beurre, vieux Oing, Miel, Thérébentine, de chaque une livre; puis quand le tout aura donné encore un bouillon, vous y ajoûterez suffisante quantité de Farine de Froment, ou autre, pour l'épaissir à la consistence d'une espéce de Bouillie. Après avoir appliqué ce mélange sur le mal, vous envelopperez tout le tour de la Jambe avec de la filasse & une bande, sans trop serrer la Jambe, de crainte de la faire enfler, & rendre le reméde pire que le mal. Et si au bout de cinq ou six jours, il restoit encore quelques Grappes, ou s'il se trouvoit quelques Poireaux, vous les couperez jusqu'au vif, pour y remettre du même Onguent, jusqu'à parfaite guérison : & s'il n'y avoit point de Grappes, & qu'il y eût seulement une affluence d'humeurs, il seroit suffisant d'y appliquer ce reméde sans frotter ni couper. Le suivant est même suffisant quand il n'y a que des eaux.

Prenez Verd de gris, Noix de Galle, Couperose verte, Couperrose blanche, de chaque deux onces; Alun de Roche, une once; vieux Oing, une livre; Vinaigre, trois pintes; il faut bien piler toutes les susdites drogues, & hâcher le vieux Oing; faire bouillir le tout dans un grand vase de terre, & vous en servir soir & matin, pour en étuver les Jambes du Cheval à froid, jusqu'à guérison. Mais pour peu qu'il se trouvât des Grappes, il ne seroit pas suffisant, & au défaut de celui qu'on a décrit ci-dessus, on employeroit le suivant.

Prenez Mercure vif, fleur de Soulfre, Verd de gris, Alun de Roche, Noix de Galle, Ecorce de Grenade, de chaque deux onces; Saindoux, une livre; réduisez le tout en poudre, ensuite éteignez le Vif-argent dans la fleur de Soulfre & dans le Saindoux;

& lorsque le Vif-argent ne paroîtra plus, vous y incorporerez les autres drogues pour faire un Onguent à froid, c'est-à-dire, en le remuant seulement sans le mettre sur le feu ; & vous vous en servirez sur les Grappes. Le suivant est encore bon.

Prenez une livre d'Alun de Roche, une livre de Couperose blanche, & une livre de Sel. Le tout étant en poudre, mêlez-le dans la valeur de huit pintes d'eau, & le faites bouillir jusqu'à consommation de moitié, que vous garderez en bouteilles, pour vous en servir de la maniere suivante. Remuez la bouteille, & prenez de la vieille boure que vous imbiberez de cette eau, & l'appliquez sur la partie que vous tiendrez bandée avec du linge. Renouvellez l'application tous les 24. heures.

Les *Poireaux* sont plus opiniâtres & plus difficiles à guérir. Ils sont très-aisés à distinguer des Grappes par leur grosseur, les grains des Grappes demeurans toujours petits, & étant en grand nombre, & les Poireaux étant en plus petit nombre, & quelquefois de la grosseur d'une Noix. Il faut avec un bistouri ou razoir couper les Poireaux jusqu'à la racine, & employer le reméde ci-dessus, fait avec Mercure vif, fleur de Soulfre, &c.

On peut aussi appliquer dessus la Poudre pour les boutons du Farcin, étendue sur un plumaceau, réïtérer au bout des vingt-quatre heures, s'il convient, & appliquer ensuite l'Onguent dessiccatif des eaux.

Du Fic, nommé improprement Fil ou Crapau.

Le Fic est une excroissance spongieuse & fibreuse, approchants de la nature de la Corne ramollie, qui naît à la Fourchette dans les Pieds élévés & creux, qui ont le Talon large. Cette tumeur qui excéde quelquefois la grosseur d'un Œuf de Poule, s'appelle par corruption *Fil*; quelques-uns lui ont donné le nom de *Crapau*. Elle est très-dangereuse, & peut être regardée comme une espéce de cancer sous le Pied, d'autant plus dangereux, qu'il attaque le Tendon qui va s'implanter sous l'Os du Petit-pied même, & quelquefois les Tendons collatéraux sous les quartiers. Cette maladie est ordinairement un reflux de quelque humeur maligne, (dont on a supprimé le cours par des remédes astringens) comme des eaux desséchées, d'un reste de Forbure ou de Farcin. Ce mal est plus commun, par cette raison, aux Chevaux qui ont les Jambes rondes & gorgées, qu'aux autres. Lorsqu'on les traite avec des dessicatifs trop forts, il arrive alors, que la matiere soufle au poil, & offense auparavant le Tendon & le Petit-pied; ce qui est très-dangereux. Ce mal est beaucoup plus considérable que le précédent, & est aussi traître; car après avoir été guéri en apparence, on ne doit pas être surpris de le voir reparoître deux ou trois mois après. Ce mal étant négligé, élargit & aplatit considérablement le Pied, & le rend très-difforme. Quand ce mal n'a pas atteint le Tendon, le Cheval ne paroît pas en boiter aux premiers pas qu'il fait; mais on découvre bientôt son mal.

Les Pieds de derriere, comme plus sujets à être dans l'humidité, sont aussi plus souvent attaqués de ce mal : comme les Pieds de devant, par une raison contraire, sont plus sujets aux seimes. C'est pourquoi les Chevaux de tirage, qui sont, & séjournent plus souvent & plus long-tems dans l'humidité que d'autres, y sont plus sujets.

Il seroit inutile de songer à guérir un Fic, s'il y avoit des eaux à la Jambe, parce que la source du mal ne tariroit pas, & prendroit son cours par le Fic; c'est-à-dire, par le mal même que l'on voudroit guérir, & abreuveroit continuellement une partie que l'on veut dessécher. Il faut premierement songer à guérir les eaux, comme il a été prescrit; après cela parer le Pied, pour pouvoir facilement couper la Sole tout autour du Fic, avec la feuille de Sauge ou le bistouri. Il est à remarquer que de cette premiere opération dépend souvent la prompte ou la longue guérison du Fic, parce que ce mal ayant des racines, qui s'étendent avant sous la Sole, si on les emporte entiéres en les détachant avec dextérité, le mal guérit promptement; & si vous en laissez quelques racines, le mal sera plus long, & plus difficile à traiter qu'auparavant. Quand la Sole est levée, vous ratissez bien exactement tout ce qui paroît tenir de la nature du Fic, avec la feuille de Sauge, évitant cependant, autant que faire se peut, de couper une artére qui pourroit fournir du sang. Si cependant il survenoit une Hémorrhagie, vous appliqueriez dessus, pour premier appareil, un restrinctif fait avec Suie de cheminée & Thérébentine cuites ensemble (en remuant toujours, afin que la matiére ne se grumelle point,) étendue sur des étoupes : s'il n'y a point d'Hémorrhagie, vous étendez sur des plumaceaux l'Onguent suivant à froid.

Prenez deux livres de Miel, chopine d'Eau-de-Vie, six onces de Verd de gris passé au tamis, six onces de Couperose blanche, quatre onces de Litarge, deux gros d'Arsénic, & demi-quarteron de Noix de Galle, le tout en poudre très-fine, que vous mélangerez ensemble dans un pot de terre bien net, & que vous ferez épaissir insensiblement sur un petit feu, jusqu'à ce que la composition soit suffisamment épaisse; il faut la remuer de tems-en-tems, pour qu'elle soit bien liée.

Les deux premiers appareils doivent rester en place au moins deux fois vingt-quatre heures chacun: en levant l'appareil, il faut examiner si l'on n'a point laissé de racine à ce Fic, bien essuyer avec des étoupes bien séches; & si l'on ne trouve point qu'il ait été laissé de racines, laver avec de l'eau Seconde, & panser avec l'Onguent décrit ci-dessus; mais ne mettant de l'Onguent que dessus le Fic, & ayant soin de mettre par-dessus les plumaceaux des rouleaux, ou petits plumaceaux épais, & seulement imbibés d'Eau-de-Vie des deux côtés du Fic, pour l'empêcher de s'étendre; puis vous remettez les éclisses, & vous tenez le Pied le plus féchement qu'il est possible.

Si à la levée du troisiéme appareil, il vous semble que le Fic s'élargisse au lieu de se resserrer, partagez votre composition en deux parties égales, ajoûtez à une partie trois onces de bonne Eau-forte, & panfez avec. Si le Fic au panfement suivant paroît diminué, prenez de l'Onguent simple, c'est-à-dire, de l'autre moitié; & ne vous servez de celle où vous aurez ajoûté l'Eau-forte, que lorsque les chairs surmonteront.

Si le Fic gagnoit le dedans du Sabot ou le Tendon, traitez-le alors comme le Javar encorné; faites-en de même, quand la matiére soûfle au poil; & vous servez le moins que vous pourrez de cautéres violens.

Si le Cheval perd l'appétit, donnez-lui des lavemens avec le Sel Polycreste, & lui faites manger tous les jours du foie d'Antimoine dans du Son mouillé, à la dose d'une once.

Quand la cure est achevée, il n'y a pas d'inconvénient, pour éviter la récidive, de barer les deux Veines du Pâturon.

Au lieu de l'Onguent précédent, on peut se servir de celui-ci, dont on a vû de très-bons succès. Il faut ainsi qu'avec le précédent, couper les Crapaux jusqu'au vif. On recueil soigneusement le sang qui en découle, évitant cependant de causer une Hémorrhagie, par l'incision de l'Artére. On prend environ deux onces de ce Sang, qui sort du Pied malade, que l'on met dans une bouteille, avec une once de Vitriol en poudre, deux gros de Sublimé corrosif auffi en poudre, & une once de la meilleure Eau-forte. On agite fortement la bouteille pour faire un mélange exact, & on en met trois fois par jour avec une plume (qu'on trempe dans cette compofition) fur la partie malade. Il faut à chaque panfement, avant que d'y mettre de ce mélange, laver la playe avec de l'Efprit de Vin bien rectifié. Le Cheval pendant ce tems doit travailler médiocrement fur la pouffiére, & non fur le pavé ni dans la boue.

De la Rage.

La Rage eft un mal contagieux, qui fe communique par la morfure, & quelquefois par la falive d'un Animal enragé. La playe faite avec les dents fe guérit fouvent d'elle-même, mais le Venin refte dans le sang. Le terme ordinaire des Symptômes de la Rage est de 40. jours.

Le Venin de la Rage consiste dans de petits Vers qu'on voit nâger dans la Salive des Animaux enragés : ces Vers s'insinuent dans le sang par la playe que l'Animal enragé fait avec la dent, se multiplient ensuite, attaquent le Cerveau, le Gosier & les Glandes Salivaires, causent des délires, des convulsions, de l'écume autour de la Bouche, & donnent enfin la mort.

Il faut pour guérir ce mal se servir de l'Onguent Néapolitain, fait avec un tiers de Mercure revivifié du Cinabre; un tiers de graisse Humaine, & un tiers de graisse de Porc.

Cet Onguent doit être oint sur la morsure, étendu dans son voisinage, dans la partie mordue, au poids de deux dragmes, par intervale, ou tout de suite.

Il faut tous les matins à jeun faire prendre au Cheval trois dragmes de poudre de Palmarius (dont la description est ci-après) dans un demi-septier de Vin blanc, pendant 25. à 30. jours.

Dès le premier jour de l'usage de la Poudre, il faut faire une friction de deux ou trois dragmes d'Onguent, tant sur la playe que sur le voisinage, & faire étendre l'Onguent sur toute la partie mordue : renouveller la friction de deux jours l'un : après les trois premieres, de trois en trois jours : après la sixiéme, de quatre en quatre jours, jusqu'à ce qu'on ait employé cinq ou six onces d'Onguent : le plus ou moins de la doze doit être proportionné, à la force de l'Animal, à son tempérament, & à la morsure. Ce reméde est de l'invention de M. de Sault, Medecin de Bourdeaux, qui l'a employé avec un grand succès pour les Hommes.

Poudre de Palmarius, composée de Plantes Vermifuges.

Prenez parties égales de feuilles de Rue, de Vervenne, de petite Sauge, de Plantin, de feuilles de Polypode, d'Absynthe vulgaire, de Menthe, de Melisse, de Bétoine, de Mille-pertuis, de petite Centaurée ; mêlez-les toutes, & faites-en une poudre qu'on prendra à la dose de 31. grains ou environ.

Il faut y ajoûter la Coraline, excellent Vermifuge : cette Poudre est bonne aussi pour les Vers des Chevaux.

CHAPITRE III.

Des Operations de Chirurgie qui se pratiquent sur les Chevaux.

DE LA SAIGNÉE.

LA Saignée est une des Opérations qui se pratiquent le plus fréquemment sur les Animaux aussi-bien que sur l'Homme. Cette Opération n'est autre chose qu'une incision faite à un Vaisseau pour en tirer du sang. Comme il y a deux sortes de Vaisseaux qui en contiennent, sçavoir, les Veines & les Artéres, on fait aussi incision à ces deux espéces de Vaisseaux.

Il n'y a point de partie qui ne

contienne des Veines & des Artéres. Il n'y auroit point auſſi de partie exempte de la Saignée, ſi la groſſeur ou la petiteſſe des Vaiſſeaux ne réduiſoit les Saignées à un petit nombre de parties, dans leſquelles on en trouve d'une groſſeur moyenne. Les dernieres ramifications des Vaiſſeaux, que l'on nomme *les extrémités capillaires*, fourniroient trop peu de ſang, & les gros Vaiſſeaux tels que les groſſes Artéres en fourniroient tant, & avec tant d'impétuoſité, que l'on auroit de la peine à en arrêter le cours.

On a donc réduit au nombre ſuivant, ou à peu-près, celui des Saignées praticables, ou du moins néceſſaires.

On fait cette Opération au Col, à la Langue, au Palais, aux Ars, aux Flancs, au plat de la Cuiſſe en dedans, à la Queue, à la Pince, & au Larmier.

On se sert de divers instrumens. Elle se pratique avec la Lancette, la Flamme, la Corne de Chamois, un Clou à attacher les Fers, &c.

La Flamme est l'instrument le plus usité pour les Saignées que l'on fait aux Chevaux ; on décrira celle où les autres instrumens s'employent.

De la Saignée au Col.

La Saignée au Col se fait avec la ligature. On passe une corde autour du Col, le plus près que faire se peut du Garrot & des Epaules. On la serre par le moyen d'un nœud coulant, qui est à un des bouts de la corde : quelques personnes sont dans l'usage d'arrêter ce nœud coulant par un autre nœud serré; mais cette méthode est dangereuse, parce que quand on veut le défaire, si le Cheval vient à tomber en défaillance (ce qui arrive quelquefois) on est trop long-tems à défaire ce nœud.

Il faut pour la même raison faire attention à ne pas trop serrer cette corde, parce qu'en comprimant trop les Vaisseaux du Col, le Cheval s'étourdiroit, tomberoit sur la place, & de sa chûte pourroit se tuer, ce que l'on a vû arriver plus d'une fois. S'il a un filet dans la Bouche, on a soin de le remuer, afin que le mouvement des Mâchoires fasse gonfler la Veine; s'il n'a qu'un licol, on procure le même effet, en lui mettant un bâton dans la Bouche. Quand on a trouvé le moment

ment où la Veine est suffisamment gonflée, on pose la Flamme dessus, & avec le manche du Brochoir, on donne un coup sec sur le dos de cet instrument pour couper le cuir, qui est fort dur, & le vaisseau d'un seul coup.

Il y a du danger à donner le coup trop foiblement ; il y en a à le donner trop fort.

En le donnant trop mollement, on entâme le cuir sans ouvrir le Vaisseau, & l'on ne tire point de sang, ou l'on fait une Saignée baveuse. En donnant le coup trop violemment, on pourroit estropier un Cheval.

Quand on a tiré la quantité de sang que l'on souhaite, il faut avant de refermer la Veine, presser légérement les environs de la Saignée à un pouce de distance autour de l'ouverture, ce qui se fait communément en passant dessus, la corde même qui a servi de ligature. Il est bon d'user de cette précaution, parce que l'on a vû quelquefois des Inflammations & des Abscès se former à l'occasion du sang caillé, épanché aux environs de la Saignée, & être suivis de la Gangrêne, surtout dans les grandes chaleurs de l'Eté.

Ensuite on pince les deux lévres de la playe que l'on a faite, & on les perce d'outre en outre avec une épingle, autour de laquelle on tortille, ou en croix de S. André, ou en rond, cinq ou six crins que l'on arrache de la Criniére du Cheval même, & on les noue d'un double nœud.

Le lieu de cette Saignée est quatre doigts au-dessous de la Fourchette. On appelle *Fourchette* une bifurcation de la Veine, qui paroît manifestement sur le Col. Plus haut, on n'auroit qu'un petit Vaisseau, & plus bas, on trouveroit trop de chair à percer, avant de rencontrer le Vaisseau. C'est environ deux ou trois doigts au-dessous de l'endroit du Col, où répond l'angle de la Mâchoire inférieure, qu'on appelle *la Ganache*. Cette Saignée peut cependant se pratiquer sans passer la corde avec le nœud coulant; & l'on est même quelquefois obligé de s'en abstenir, par exemple, à des Chevaux qui ont une galle vive sur le Col, ou une playe considérable, sur laquelle il faudroit que la corde appuyât; on fait prendre alors par un serviteur la peau à pleine main, vers le bas du Gozier, & on la fait tirer du côté adverse assez fortement pour faire gonfler la Veine que l'on veut saigner, & quand la Veine paroît assez grosse, on saisit le moment pour donner le coup de Flamme, comme dans la précédente maniére.

La Saignée à la Langue se fait sans corde. On se contente de la tirer doucement dehors, de crainte de l'arracher. On la retourne un peu, on la mouille avec une éponge, & on coupe avec la Flamme ou une Lancette, ou un Clou à ferrer plus communément, les Vaisseaux qui paroissent à la partie inférieure; on la laisse saigner à discrétion, parce que le sang s'arrête de soi-même, & que ces Vaisseaux en fournissent peu. Cette Saignée se pratique ordinairement pour les Avives.

La Saignée au Palais se fait avec un morceau de corne de Cerf amenuisé, & pointu par le bout, ou une corne de Chamois, qu'on enfonce le matin à jeun dans le troisiéme ou quatriéme Sillon du Palais. Cette Saignée, si on la faisoit plus loin, ne seroit pas sans danger; car on auroit de la peine à étancher le sang. Quand cet accident arrive, il faut faire un plumaceau avec de la filasse, & le saupoudrer de Vitriol, l'appliquer sur le mal, & par-dessus mettre un gros tampon de filasse que l'on appuye par un bandage qui passe par-dessus le Nez, & on attache le Cheval avec son licol un peu haut par les deux côtés, & il faut le laisser cinq ou six heures sans le délier, & sans lever l'appareil, ni par conséquent lui donner à manger. Cette Saignée se pratique lorsqu'un Cheval est dégoûté, & aussi pour le Lampas, parce qu'elle dégorge les Vaisseaux, dont la plénitude cause cette maladie.

La Saignée qui se pratique aux Ars passe parmi les Maréchaux pour la plus difficile de toutes. On ne fait point de ligature pour faire paroître le Vaisseau, parce qu'il paroît assez manifestement, & est à fleur de peau : mais comme ce Vaisseau roule aisément, il faut poser la pointe de la Flamme bien juste sur le milieu de la rondeur du Vaisseau, & on donne un coup de manche du Brochoir, un peu plus fort qu'à celle du Col, à cause de la dureté du cuir, ensuite on fait la ligature, ainsi qu'il a été dit, avec cinq ou six crins tortillés autour d'une épingle. Cette Saignée se pratique pour les efforts du Genou, pour les efforts d'Epaule, écarts & autres accidens semblables.

La Saignée aux Flancs se fait à un Vaisseau qui passe tout du long des Côtes du Cheval, de la partie antérieure à la partie postérieure sur le Ventre; ce Vaisseau est quelquefois très-gros, & quelquefois paroît très-peu.

Quand il paroît peu, on est obligé de mouiller le poil avec de l'eau chaude & une éponge, & on coupe cette Veine avec la Flamme, en donnant comme à la précédente, un coup sec avec le manche du Brochoir.

A la Saignée au plat de la Cuisse en dedans, on ne mouille point le Vaisseau, parce qu'il est assez apparent, & on ne se sert point de l'éponge, parce que la peau y est plus tendre, on tranche le Vaisseau en travers avec la pointe de la Flamme, & on se retire promptement, dans la crainte de recevoir un coup de Pied.

Il y a cependant des Maréchaux

qui font cette opération avec la même tranquillité que les précédentes, ils ajuſtent leur Flamme ſur le Vaiſſeau, donnent un coup du manche du Brochoir, & enſuite en font la ligature, comme il a été dit.

La Saignée aux Flancs ſe pratique pour les Tranchées; & celle au plat de la Cuiſſe en-dedans pour des efforts de Hanche, de Jarret ou de Rein.

La Saignée à la Queue ſe fait pour un ébranlement ou effort de Reins. Cette Saignée ſe pratique de différentes façons, ou en coupant un ou deux nœuds en entier, ou en fendant la Queue par une inciſion cruciale, ou en figure de T, ou en donnant dedans pluſieurs coups de Flamme.

Si c'eſt un Cheval à courte-Queue, on n'en coupe point de nœud,

nœud, parce que la moëlle alongée, perçant jusqu'au trois ou quatriéme, il pourroit en survenir des accidens, outre la difformité qui en résulteroit; on se contente de faire une incision longitudinale à la partie inférieure, & une transversale au bout; ou bien on fait l'incision transversale à un ou deux pouces de distance du bout, ce qui forme une croix.

A ceux qui ont la Queue longue, on ne doit pas craindre d'en couper un ou deux nœuds, dans l'appréhension de perdre les crins; car le restant du tronçon les fournit assez longs après; quoique cependant on puisse regarder cette pratique comme inutile & plus douloureuse que nécessaire.

A toutes ces Saignées, on laisse couler le sang aussi abondamment qu'il peut, & on ne cherche point à l'étancher ; excepté quand on coupe deux nœuds, alors on arrête le sang avec le feu, que l'on y met avec le *Brûlequeue* ; on met ensuite de la Poix ou du crin tortillé, sur l'endroit que l'on vient de cautériser, avec le feu que l'on y remet de nouveau de la même maniere.

Cette Saignée se pratique ordinairement pour un effort, ou pour un ébranlement de Reins.

La Saignée à la Pince se fait pour des efforts d'Epaule, pour des Jambes gorgées, pour un étonnement de Sabot, &c.

On déferre le Pied, & on le pare mince, à peu-près comme si on vouloit le ferrer à neuf, & on creuse avec le coin du Boutoir, de la largeur d'une piéce de douze sols. Il faut dans cette opération conduire l'instrument avec beaucoup de douceur, quand on commence à appercevoir le sang, parce que si la playe étoit trop profonde, il pourroit survenir une inflammation qui y formeroit un petit Ulcére, qui suinteroit peut-être long-tems, ce qui arrive quelquefois.

Il faut remarquer que le lieu de cette Saignée, est le bout de la Pince, & qu'il faut s'éloigner de la Fourchette, pour éviter le Tendon, qui s'élargit en patte d'Oye, & va s'implanter dans l'Os du Petit-pied, jusqu'à la pointe de la Fourchette, tant à la Jambe de devant qu'à celle de derriere.

On tire environ deux livres de sang, & on bouche le trou avec du Poivre, & du Sel mis en poudre sur un plumaceau; on met par-dessus une bonne emmiélure étenduë sur un plumaceau, beaucoup plus large que le premier, pour empêcher que la Corne ne se desséche, après avoir ferré le Cheval à quatre clous seulement ; & l'on met une ou deux éclisses pour tenir le tout en état.

La Saignée au Larmier n'est guére en usage aujourd'hui, & on ne la fait que quand on veut barrer cette Veine, seulement pour assûrer le Maître du Cheval, qu'on a sûrement lié le Vaisseau.

Toutes ces Opérations se font ordinairement à la main, mais en voici une, qui, plus douloureuse & plus longue que les précédentes, demande communément que le Cheval soit mis dans le travail pour la sûreté de l'Opérateur, du Cheval même, & des Assistans.

De la maniere d'églander.

ON églande ordinairement un Cheval à qui les Glandes s'engorgent & s'endurcissent dans le creux de la Ganache, vers l'angle de la Mâchoire. Après l'avoir mis au travail, lié, & suspendu comme il doit être; ou renversé par terre, si c'est en campagne ou à l'Armée, & les Jambes liées pour éviter accident, on léve la tête haute avec une corde, on fend la peau avec un bistouri, faisant une incision longitudinale sur la Glande, & ensuite avec la corne de Chamois, qui est une corne courbe, pointuë, lisse & polie, on cerne la Glande & on la souléve, pour connoître & couper toutes les attaches & adhérences, évitant soigneusement les Veines, les Nerfs

& les Artéres. Si cependant on avoit fait ouverture de quelque Vaisseau, il faudroit en faire la ligature, en passant par-dessous une aiguille courbe, enfilée d'un fil ciré double, & embrassant un peu de chair ou autre substance, hors les Nerfs, dans la ligature que l'on assûre d'un nœud double en rosette. Au défaut de la ligature, qui demande une sorte de dextérité, on peut appliquer par-dessus un plumaceau chargé de Vitriol en poudre : mais si on peut saisir le Vaisseau, la ligature est préférable.

Il y a des gens qui sont dans l'usage de fendre la peau & la Glande tout à la fois, & qui y mettent du Sublimé corrosif, mêlé avec de la Salive & de l'Eau-de-Vie, ou de l'Onguent doux. D'autres se servent de Réalgal, mais rarement a-t-on un bon succès de cauſtiques dans les parties glanduleuſes.

On panſe la playe avec de l'Egyptiac, & on lave tous les jours la playe avec du Vin chaud avant le panſement; & ſi les chairs ſurmontoient, on feroit un liniment ſur les chairs baveuſes avec de l'Huile de Vitriol, & on rempliroit toute la cavité avec de la filaſſe trempée dans une eau de Vitriol.

De la Caſtration.

La nouvelle maniere de châtrer un Cheval eſt la plus ſûre, & la moins dangereuſe, même à tout âge. Il faut avoir quatre petits bâtons de la groſſeur du doigt, longs de quatre à cinq pouces, applatis d'un côté & creuſés en dedans, excepté aux deux extrémités où l'on fait une coche. On remplit le creux de pâte molle, sur laquelle pâte on séme de la poudre d'Arsénic, ou autre Caustic. Quand tout est prêt, on renverse le Cheval par terre, après l'avoir entravé & lié les quatre Jambes avec une corde, ensuite on lui lie avec une corde la Jambe du Montoir de derriere, on passe cette corde par-dessus le Col, & on fend avec un bistouri bien tranchant la premiere peau du *Scrotum* ou de la Bourse, (c'est la même chose) & on fait cette incision à la partie latérale. Après la premiere peau, s'en présente une seconde, que l'on fend encore, suivant la même direction; on fait sortir le Testicule que l'on tire doucement à soi; puis on embrasse tout le paquet des Vaisseaux

Spermatiques, que l'on ferre avec deux de ces petits bâtons, par le moyen d'une ficelle avec laquelle on les lie fortement aux deux extrémités. On coupe le Testicule à l'épaisseur de deux écus près des petits bâtons, on en fait autant à l'autre Testicule, & l'Opération est faite.

Quand tout cela est fini, il faut essuyer la partie avec une serviette blanche, détacher le Cheval, & le laisser relever, puis le promener un quart-d'heure au pas; ce que l'on continue deux fois tous les jours jusqu'à guérison. Il faut observer que 24. heures après l'Opération, il faut adroitement couper la ficelle des petits bâtons, & les ôter.

Du Lavement, & de la maniere de vuider un Cheval.

AUTREFOIS on donnoit un Lavement avec la Corne, ce que l'on fait présentement avec la Seringue, qui est bien plus commode. Mais malgré sa commodité, on pourroit ne pas réussir encore à donner le reméde, lorsque les matiéres se trouvent amassées en si grande quantité à l'extrémité du *Rectum*, qu'elles y forment une masse quelquefois de la grosseur de la tête d'un homme. C'est pourquoi il faut alors vuider le Cheval de ces grosses matiéres, ce qu'un homme fait, en graissant son bras & la main d'abord, avec du Saindoux, vieux Oing, Huile, Beurre, ou autre corps gras semblable, & l'introduisant douce-

DE CAVALERIE. 419
ment jusques dans le Boyau, d'où il tire à poignées tout autant de fiente qu'il en rencontre. Quelquefois la rétention seule de ces grosses matiéres, que le Cheval veut faire sortir par de vains efforts, lui cause un battement de Flancs & des Tranchées, dont il est soulagé aussi-tôt que l'Opération est faite. Quand le Cheval a quelque difficulté d'uriner, on presse la Vessie, en étendant & en appuyant doucement la main dessus, ce qui fait uriner le Cheval sur le champ.

Du Séton, & de l'Ortie.

LE *Séton* est un morceau de corde faite avec moitié Chanvre & moitié Crin, ou un morceau de Cuir, ou quelqu'autre corps semblable, que l'on introduit entre cuir & chair par une ouverture ; & que l'on fait reffortir par une autre, pour donner iffue à des matieres qui étoient enfermées, & qui croupiffoient dans quelque partie.

L'*Ortie* eft un pareil morceau de corde, cuir, ou fer battu, ou de plume, que l'on introduit par une ouverture, & que l'on ne peut retirer que par fon entrée.

Ces Opérations fe pratiquent à différentes parties du Corps ; fur le Toupet, au bas de la Criniere, au Garrot, & à d'autres parties : mais la principale, étant celle qui fe fait à l'Epaule, on jugera aifément, par la defcription de celle-ci, comment elles fe pratiquent aux autres parties.

Quand on veut appliquer un Séton ou une Ortie à l'Epaule, fi c'eft un Cheval qui ait le Poitrail fort large, & par conséquent qui ait les Epaules fort grosses, on commence par lui broyer l'Epaule avec une Tuile, une Brique, ou quelque corps qui soit fort dur, pour que la peau se détache plus facilement; il faut avoir pris la précaution de renverser le Cheval sur du fumier ou de la paille.

Quand on a broyé cette partie, on coupe avec un rasoir ou un bistouri le cuir en travers, à trois doigts au-dessus de la jointure du Coude; puis avec une spatule de fer bien lisse & polie, destinée à cet usage, on sépare la peau d'avec la partie externe du Corps de l'Epaule, en remontant jusques vers le Garrot, ou le bas de la Criniere, & promenant la spatule en long & en large devant & derriere l'Epaule, afin que les sérosités & les glaires s'amassent dans cet espace : ensuite on fait entrer avec la spatule un morceou de Cuir replié, long de dix-huit ou vingt pouces, & large de sept à huit lignes, & afin qu'il ne glisse pas, & qu'il ne sorte pas avant qu'on veuille le retirer, on fait avec la spatule une petite coche entre cuir & chair à la partie inférieure de l'incision, pour y loger le bout excédent de ce Cuir. C'est ainsi que se pratique l'Ortie.

Pour en faire un Séton, il n'y a qu'à faire une contr'ouverture à la partie supérieure de l'Epaule, & mettre un morceau de Cuir beaucoup plus long, ou un corde faite avec moitié Crin & moitié Filasse, & la remuer tous les jours dans le pansement pour la nétoyer, & l'enduire de nouveau de supuratif, ou de quelqu'autre Onguent semblable. En tirant cette corde, on ne l'ôte point entiérement pour cela, on ne fait que la passer & repasser. Quand on ne fait qu'une Ortie, on l'enduit la premiere fois de supuratif, & on la laisse en place quinze à dix-huit jours; car quoique les Maréchaux soient dans l'usage de ne la laisser en place que neuf jours par complaisance, pour des Particuliers impatiens, qui veulent voir promptement la décision de la cure, soit en bien, soit en mal, l'expérience fait voir dans les maux un peu graves, que ce terme est trop court.

Il faut après que l'Opération est faite, empêcher le Cheval de se coucher pendant tout le tems qu'il porte le Séton ou l'Ortie, pour donner une pente continuelle aux humeurs, ce que l'on fait communément en le suspendant, ou l'attachant à un anneau à la muraille; car tout le monde sçait que les Chevaux dorment aisément debout. Le régime qu'il faut faire observer au Cheval, consiste à lui ôter l'Avoine, le mettre au Son & à la Paille pour nourriture, & l'eau de Son pour boisson.

Il faut après l'Opération frotter l'Epaule avec l'Onguent ou Huile Rosat, & l'Eau-de-Vie, & les jours suivans y appliquer matin & soir une charge résolutive & spiritueuse, pour fortifier la partie; on peut employer, par exemple, l'emmiélure rouge, & à son défaut l'emmiélure commune, & y ajoûter un demi-septier d'Eau-de-Vie.

Quand on passe des Sétons ou des Orties à d'autres parties, comme à la Nuque, au Col, sur les Rognons & ailleurs, on fait l'ouverture & le détachement de la peau

peau proportionné à la grandeur de la partie.

Quelquefois on paſſe un Séton au travers d'une tumeur; en ce cas, la matiére a cavé deſſous ſuffiſamment, & il eſt inutile de ſéparer davantage le cuir d'avec la chair.

Il y a des Maréchaux très-ſenſés, qui prétendent avec quelque apparence de raiſon, que cette Opération pratiquée, comme on vient de le décrire, ne ſert qu'à deſſécher le deſſus de l'Epaule. Or comme cette Opération ne ſe pratique que pour des écarts, ou une Epaule entr'ouverte, ce qui n'arrive point ſans que la Lymphe du ſang rempliſſe le vuide, qui ſe forme par le déchirement du tiſſu cellulaire qui joint l'Epaule au coffre, & que cette Lymphe épanchée, venant à prendre dans son séjour une consistance de gelée, forme ce qu'on appelle *des Glaires*, ausquelles il faut procurer une issue, pour empêcher un Cheval de boiter, ils prétendent avec raison, que le Séton passé en-dessus, n'en peut pas si bien procurer l'issue, que deux autres Opérations, qui y remédieroient fort bien, si elles étoient sans danger.

L'une, est de faire faire au Séton, le tour des bords de l'Omoplate; (c'est l'Os de l'Epaule, qu'on nomme vulgairement le *Palleron* ou la *Palette*,) ou au moins le demi-tour de ces bords, qui joignent l'Epaule au coffre.

L'autre, est de cerner l'Epaule par-dessous, en commençant sous le pli du Coude, au-dessus de l'Ars, & faisant faire à la spatule le même chemin, sous l'Omoplate même, qu'on lui fait faire dessus, dans l'Opération qui a été décrite plus haut.

Cette maniere d'opérer est fort bien imaginée, puisqu'elle attaque le mal dans son principe, donnant un écoulement à des humeurs qui n'en peuvent avoir, après s'être infiltrées par un écart entre l'Epaule & le coffre.

Mais le danger qu'il y a de rencontrer un gros rameau de Veine, qui va se rendre dans la Souclaviére, fait que cette Opération ne peut réussir qu'entre les mains d'un Homme qui sçache parfaitement la situation de ce rameau, & la structure de cette partie, sans quoi le Cheval courroit risque de perdre la vie avec son sang; car ce malheur est sans reméde.

L'effet de ce reméde, est de procurer une suppuration abondante, qui commence à couler dès les premiers jours, par l'ouverture que l'on a faite dans l'Opération. Ce pus est formé par les fibres meurtries & déchirées, qui se trouvent détruites par l'introduction de la spatule, entre le cuir & le corps de l'Epaule. Ces Membranes mâchées par la dureté du fer ou de la spatule, venant à se corrompre & à se détacher du vif, & abreuvées par un suc gelatineux qui découle & suinte par le bout des Vaisseaux rompus, forment ce suc épais d'un blanc couleur de Soulfre, qui découle de ces parties. Les parties voisines abreuvées aussi d'un suc étranger ou surabondant, soit par dépôt ou collection d'humeur de quelque genre que ce puisse être, se dégorgeant dans cette ouverture, passent par la même voye, jusqu'à ce que la partie soit revenue dans son premier état.

Maniere de Dessoler.

Pour dessoler un Cheval, on le met dans le travail, ou bien on le renverse par terre. On le prépare ordinairement la veille en y mettant une emmiélure. Ensuite on pare le Pied le plus mince qu'on peut, on ouvre bien les Talons, & avec le Boutoir on coupe & on cerne la Sole tout autour du Sabot, y laissant pourtant à l'entour l'épaisseur de deux écus de Sole. Il faut prendre garde de trop enfoncer le Boutoir; il suffit de couper assez avant, pour qu'il en sorte une petite rosée de sang. Quand avec le Boutoir on a détaché de tous côtés les plus fortes adhérences de la Sole, on repasse le bistouri dans la rénure qui a été faite, & en soulevant la Sole par un côté, on coupe avec le bistouri toutes les adhérences qui font dessous, en frappant légerement sur le dos du bistouri avec le manche du Brochoir. Quand les côtés sont bien détachés, on enléve la Sole avec un instrument appellé *le Levesole*, on la saisit avec les Triquoises, & on l'arrache. Quand tout cela est fait, on passe une corde autour du Pâturon pour resserrer les Vaisseaux, étancher le sang, & se donner le tems de reconnoître le véritable état du Pied. Si c'est pour encastelure, ou pour un clou de rue qui ait blessé la Fourchette ; on fend la Fourchette d'un bout à l'autre, pour desserrer les Talons, & donner une plus libre circulation dans la partie, en dégorgeant les sucs qui y sont étranglés. S'il se trouve des chairs fongueuses, baveuses ou surabondantes, il faut bien se donner de garde d'y mettre aucun caustique pour les guérir; ce seroit rendre le mal incurable; il faut couper, l'incision étant beaucoup moins douloureuse. S'il y a quelque Bleime ou chair meurtrie, on y donne quelques coups de bistouri ou de renette pour la même raison; on fait lâcher ensuite pour un moment la corde qui lie la Jambe dans le Pâturon, pour laisser couler le sang, & arroser la partie, & lui servir de Baume. Quand on croit la partie assez dégorgée, on fait resserrer la corde, on lave la playe avec du Vinaigre ou de l'Eau-de-Vie, on ferre à quatre ou cinq clous, & ensuite on applique des plumaceaux couverts de Thérébentine, ou imbibés seulement d'Eau-de-Vie & d'Oxycrat, & des éclisses par-dessus, retenues par une autre éclisse transversale, qui s'arrête entre les éponges du fer & les deux côtés du Talon; & on ne doit lever l'appareil au plûtôt que quatre jours après; car c'est une régle générale, que moins une playe est exposée à l'air, plus promptement elle guérit. C'est la pourriture seule, la trop grande quantité de pus, & la crainte, qui font lever un premier appareil; car on a vû des Chevaux, ausquels un seul appareil a suffi, après avoir été dessolés, & la Sole entiérement revenue au bout de quinze jours, pendant lesquels on n'avoit point levé l'appareil pour quelques raisons particuliéres.

Il faut avoir soin de mettre un restrainctif avec Bol & Vinaigre, ou avec de la Suie de cheminée,

le

le Vinaigre & les blancs d'Œufs, autour du Boulet, toutes les vingt-quatre heures, de crainte que la matiére ne souffle au poil.

De l'Amputation de la Queue.

TOUTES les saisons de l'année ne sont pas propres à faire cette Opération : le grand froid la rend mortelle ; le grand chaud la rend incommode à cause des Mouches, & de la Gangréne qui peut s'y mettre.

On met la Queue sur une buche debout, on met un grand coûteau ou couperet fait exprès sur l'endroit où on veut la séparer, on donne sur le coûteau un grand coup de maillet ou de marteau, on panche le coûteau un peu pour la couper en flutte, afin que le Cheval la porte par la suite de meilleure grace, puis on la laisse saigner un assez long-tems; ensuite on y met le feu avec le *Brûlequeue*, en la levant le plus haut qu'on peut, c'est un fer fait comme une clef des roues d'un carosse, avec cette différence, que l'extrémité utile est ronde, & non quarrée, afin que la Queue puisse y entrer. Il faut ensuite appliquer un peu de Poix noire sur le bout de la Queue, ou des crins de la Queue entortillés en forme d'anneau, & poser le fer, qui aura perdu un peu de sa chaleur, sur la Poix, ou sur les crins, pour les faire fondre. Il faut avoir attention que le Cheval ne soit pas dans l'Ecurie près de la muraille ni d'un pilier, après cette Opération, afin qu'il ne puisse pas se frotter, ce qui cause quelquefois de grands accidens. Il faut après l'Opération frotter avec de l'Eau-de-Vie le tronçon de la Queue, jusques sur les Rognons, pendant quelques jours, soir & matin. Si la Queue étoit meurtrie ou trop brûlée, ou que le Cheval se fût frotté, il faudroit se servir de l'Esprit de Thérébentine & Eau-de-Vie, partie égale, battues ensemble, & en frotter comme ci-dessus.

Les Maréchaux Anglois, après avoir coupé la Queue assez longue, font cinq ou six incisions d'égale distance, depuis la naissance de la Queue en-dessous, jusqu'à l'extrémité où elle est coupée. Ils laissent une suffisante quantité de crin au bout de la Queue, pour y attacher une longue corde de la grosseur du bout du petit doigt: ils passent ensuite l'autre extrémité de cette corde dans une poulie qui est attachée au plancher, positivement au-dessus du milieu du dos du Cheval, lorsqu'il a la Tête à la mangeoire : la même corde doit passer ensuite dans une autre poulie, aussi attachée au plancher, derriere la Croupe, au milieu du trotoir ; on attache au bout de cette corde un poids d'une certaine pesanteur, de sorte que le Cheval étant couché ou relevé, ait toujours la Queue soulevée & renversée sur la Croupe. On laisse cette corde jusqu'à ce que les cicatrices soient fermées. Cette Opération leur fait porter, ce qu'on appelle, *la Queue à l'Angloise*. Je ne vois pas pourquoi, en pratiquant la même chose aux Chevaux des autres Pays, ils ne la porteroient pas de même.

Maniere de barrer les Veines.

On s'y prend de deux manieres pour faire cette Opération. On se sert du feu, (ci-après,) nous en parlerons; on se sert de la ligature.

On barre la Veine à presque toutes les parties du Corps, sçavoir, au Larmier; au bras, à six doigts au-dessus du Genou; au Jarret, & au Pâturon dans sa partie latérale.

Quand on veut barrer la Veine au Larmier, il faut mettre une corde au Col du Cheval, comme si on l'y vouloit saigner, afin que la Veine du Larmier, qui est une ramification de la jugulaire externe, puisse se gonfler. On lui met la main dans la Bouche pour lui faire remuer la Langue & les

Mâchoires, ce qui aide encore à groſſir le Vaiſſeau. Quand il paroît aſſez plein, on coupe la peau longitudinalement ſur le Vaiſſeau pour le découvrir. On le détache le plus adroitement que faire ſe peut avec la corne de Chamois, que l'on introduit ſous la Veine, en gliſſant haut & bas de la longueur d'un bon pouce; on enfile la corne de Chamois, qui a un trou fait exprès, pour cet uſage, d'une ſoye torſe, doublée juſqu'à la groſſeur d'un fil gros de Cordonnier, & on la cire ou on l'enduit de Poix noire ou graſſe; on paſſe la corne enfilée de cette ſoye ſous le Vaiſſeau, & l'on fait la premiere ligature du côté que la Veine ſe va rendre dans la jugulaire, on aſſûre la ligature d'un double nœud, enſuite de quoi l'on fait une légére piquûre longitudinale à trois ou quatre lignes près de la ligature, pour en tirer du sang, & pour assûrer le Maître qu'on a sûrement lié la Veine; ensuite on fait une seconde ligature, qui soit aussi forte au moins que la premiere, pour arrêter le sang; & ensuite on applique une charge dessus, pour empêcher l'inflammation, & l'on fait quelques saignées au Cheval, pour diminuer le volume du sang, qui cause quelquefois une enflure très-considérable; on laisse tomber les soyes d'elles-mêmes, ce qui n'arrive qu'après plusieurs semaines.

Dans toute Opération, & particuliérement dans celle-là, il faut observer que le bistouri & autres instrumens dont on se sert, soient bien nets. On a vû des Chevaux prendre le Farcin pour avoir été pansés avec des instrumens mal essuyés, & le mal commençoit à l'endroit de l'Opération.

Lorsqu'on la fait au Bras, il faut choisir l'endroit le moins charnu, qui est environ à six doigts au-dessus du Genou : on n'y fait point de ligature avec la corde, parce que la Veine est assez apparente.

Il en est de même du Jarret.

Quand on la veut faire au Pâturon, on peut mettre la corde au-dessus du Boulet ou du Genou. Cela est alors indifférent. Mais il faut observer de ne la jamais faire aux Jambes gorgées actuellement.

Du Feu.

Il n'y a point de remède qui soit d'une utilité si universelle que celui-ci, dans les maladies des Chevaux.

Le Feu est en usage pour les mêmes raisons, & à peu-près dans les mêmes cas pour lesquels on employe le Séton & l'Ortie ; c'est-à-dire, lorsqu'il y a quelque tumeur extraordinaire, causée par l'extravasion d'un suc, qui par son séjour peut se corrompre, altérer & même détruire une partie, ou par son déplacement en embarrasser le mouvement. Mais l'action du Feu a un avantage sur le Séton & l'Ortie ; elle est plus limitée ; ne pénétre au dedans qu'autant qu'on le veut, & ne détruit rien qu'à l'extérieur, excepté quand on s'en sert pour faire des ouvertures d'Abscès, comme au mal de Taupe, aux tumeurs sur le Garrot, &c. auquel cas, la destruction ne vient point du Feu, la matiere à laquelle on veut donner issue, ayant fait auparavant tout le défordre. On donne tantôt de fimples petites raies de Feu, tantôt des pointes, des boutons, des étoiles. Quelquefois quand le mal eft grand, on le donne en forme de feuilles de Fougere, de feuilles de Palme, de pates d'Oye. D'autres fois, on met des roues de Feu avec une femence autour, c'eft-à-dire, que l'on fait d'abord un cercle avec un coûteau rougi au feu, & qu'enfuite on y fait des rayons avec le même coûteau, & fur toutes ces lignes, on appuye d'efpace-en-efpace, quelques pointes de Feu avec un poinçon de fer auffi rougi au Feu. Pour appliquer le Feu de toutes ces manieres différentes, on fe fert de divers inftrumens; fçavoir, de coûteaux de fer, de boutons ronds, de boutons plats, de pointes, d'S, felon le befoin des différentes parties.

Quant aux diverses manieres de l'appliquer, la situation ou la conformation de la partie en détermine la figure. Par exemple, on barre les Veines avec le Feu, & cet usage est moins douloureux & moins dangereux; car le feu ne cause pas une inflammation si grande, particuliérement aux Jambes, que l'on a vû quelquefois devenir de la grosseur du corps d'un homme, ce qui n'arrive jamais par le feu : on le met avec le coûteau de feu, en faisant une croix ou une étoile sur la Veine, ou en tirant dessus, deux ou trois petites raies : on évite outre cela le danger du Farcin, dont nous avons parlé.

On barre ainsi la Veine au Larmier, au Jarret, au Bras, à la Cuisse, &c.

On perce des Abfcès avec des pointes de Feu, fur-tout au Garrot, au Toupet, pour le mal de Taupe, fur les Rognons, & aux endroits où nous avons dit que venoient les Cors, quand il y a du pus.

A l'Epaule, pour un écart; ou à la Hanche, pour un effort, on le met en figure de roue : quelquefois au lieu de faire des rayons, après avoir tracé le cercle, on y deffine avec une pointe de Feu les Armes du Maître, un pot de fleur, une couronne, ou autre chofe femblable, fuivant le goût de celui qui travaille, mais la figure n'y fait rien. Quand il faut beaucoup de raies & de boutons de Feu, on peut y faire quelque deffein, mais il feroit ridicule de tracer une figure de Feu à un endroit où il ne faut que deux ou trois raies, comme à un Suros, où une petite étoile fuffit; à une fufée, où on le met en fougere, ou pate d'Oye, c'eſt-à-dire, à peu-près comme les rayons d'un éventail, ou quelquefois en raies, difpofées comme les barbes d'une plume.

Ce qu'on appelle *grains d'Orge & femence de Feu*, c'eſt la même chofe, ce font de petites pointes de Feu, plus petites que les autres, & que l'on feme fur des lignes où on a déja paffé légérement le feu.

A la Couronne, lorfque la matiere foufle au poil, ou qu'on veut relargir le Sabot & lui faire reprendre nourriture, on applique de petites raies.

Quand la Corne eſt éclatée, on y met une S de Feu, pour réunir les deux quartiers féparés par une Seime, afin qu'il s'y faffe une avalure qui les puisse réunir. On appelle *Avalure*, une Corne plus tendre, formée par un suc gélatineux, qui succéde à la place de la Corne qui a été emportée, & qui est moins séche & moins cassante que la Corne vieille, & qui par conséquent donne le tems au reste du Sabot qui est fendu, de se réjoindre, à l'aide des bons remédes qu'on y applique, ou plûtôt qui sert d'une espéce de Glu pour réunir la division. S'il y avoit inflammation à la Seime, au lieu d'une S, on mettroit aux deux côtés, deux petites raies de Feu.

Pour les Courbes, Eparvins, Vessigons, &c. on le met en Palme ou Fougere.

Il y a plusieurs choses à observer pour donner utilement le Feu, qui ordinairement est un remède très-efficace.

Premiérement, le tems, est celui de nécessité, sans s'embarrasser du cours de la Lune ni des Planettes.

Secondement, il est à propos, s'il y a inflammation à la partie malade, de l'ôter auparavant, par le moyen des remédes émolliens, dans la crainte de l'augmenter par le Feu.

Troisiémement, il ne faut jamais faire chauffer les fers au Feu du Charbon de Terre, parce qu'il chauffe trop vivement, & que par sa vivacité il ronge les coûteaux & y fait des dents, (au lieu de les conserver lisses & unis) mais seulement à celui du Charbon de Bois. Et il faut en faire chauffer plusieurs en même tems, afin de n'en pas manquer pendant l'Opération, & de la pouvoir achever tout de suite.

Quatriémement, il faut qu'ils soient rouges, non flambants.

Cinquiémement, il faut avoir la main légére; bien entendu pourtant qu'il faut appuyer affez, pour que la chair prenne une couleur de Cerife, & ne fe pas contenter de brûler feulement le poil; mais ne pas enfoncer lourdement jufqu'à ce que l'on ait percé le cuir.

Sixiémement, il ne faut point d'impatience quand on a donné le Feu à un Cheval, ni pour le panfement, ni pour le fuccès de la cure. Je dis pour le panfement, parce qu'il ne faut point faire marcher un Cheval, fi on lui a donné le Feu aux Jambes, que plufieurs jours après que l'Efcare eft tombée, ce qui n'arrive guéres qu'au bout de quinze jours, & elle eft bien autant & plus à fe guérir. On ne doit pas non plus
être

être inquiet pour le succès de la cure, parce qu'il arrive souvent qu'un Cheval, auquel on aura donné le Feu pour boiter, boitera encore six mois, & même un an après; mais quoique l'effet de ce reméde soit lent, il opére cependant assez sûrement; & s'il n'emporte le mal, du moins il arrête le progrès.

Quand on a appliqué le Feu, on frotte la brûlure avec du Miel & du Saindoux, ou du Miel & de l'Eau-de-Vie, ou de l'Encre à écrire commune, ou bien on y met un Ciroëne avec de la Cire jaune fondue avec partie égale de Poix noire, & de la Tondure de drap ou des Os calcinés, ou de la Savatte brûlée par-dessus; mais le Miel & l'Eau-de-Vie font l'escare moins grande. Les jours suivans on applique dessus de l'Onguent d'Althéâ ou Rozat pendant dix, douze, ou quinze jours.

Voici un autre Onguent pour la brûlure qu'on assûre excellent. Prenez une livre de fiente de Poule la plus fraîche, une livre de Sauge hâchée & pilée, & mêlée avec la fiente de Poule ; ensuite deux livres de Saindoux fondu, mis dans un grand pot de terre, avec la fiente & Sauge ; bien couvrir le pot, le mettre sur un Feu de Charbon ; faire cuire cela quatre ou cinq heures ; passer ensuite le tout bien chaud dans un gros linge. Il faut garder cet Onguent ; & pour s'en servir, il faut en frotter tous les jours délicatement sur chaque raie avec la barbe d'une plume.

Septiémement, il faut empêcher que le Cheval ne se frotte, & qu'il ne se morde, ce qui arrive souvent; car il s'arrache jusqu'au vif. Il faut alors lui mettre un colier, le chapelet, & même les entraves, & mettre sur la playe de l'Alun calciné, ou du Colcothar en poudre, ou de l'Eau Vulneraire, une fois le jour, ou de l'Eau Seconde.

Huitiémement, si le Feu agissoit peu, ou que les playes se refermassent trop vite, il n'y auroit qu'à passer deux ou trois fois avec un pinceau de l'Huile de Vitriol sur les raies, cela rendroit le Feu qu'on auroit donné beaucoup plus résolutif & plus actif.

Neuviémement, quand le Feu a fait trop d'impression, on lave la brûlure avec de l'Eau Vulneraire ou de l'Eau Seconde, une fois ou deux par jour. Quoique nous venions de dire qu'il n'y avoit point de tems marqué pour faire usage du Feu, & que la nécessité y pouvoit déterminer en tout tems ; cependant quand on est libre de le choisir comme pour Molettes, Vessigons, Courbes ou autres accidens qui ne pressent pas, il y a un avantage considérable à préférer l'Automne, parce que les chaleurs & les Mouches étant passées, le Cheval en est beaucoup moins incommodé. Il est à propos de le laisser l'Hiver entier à l'Ecurie sans le faire sortir, & au commencement du Printems on le promene à la rosée dans les prairies, ou sur un tapis verd dans la campagne. On peut mettre les Chevaux Hongres ou les Cavales, à qui on a donné le Feu, en pâture au Printems, au lieu de les garder à l'Ecurie, & de les promener comme on est obligé de le faire aux

Chevaux Entiers. Quand on fait cette Opération à un Cheval de prix, on ne doit point regretter le long-tems qu'il reste sans travailler; il répare dans la suite par un travail infatigable le tems qu'il a perdu, & l'on ne voit presque jamais arriver de maux aux parties qui ont eu le Feu.

Maniere d'énerver.

Sur les Os des pinnes ou aîles du Nez, dont on a parlé dans l'Ostéologie, il se trouve de chaque côté un Muscle qui vient jusqu'au bout du Nez. Ce Muscle est fort sensible au toucher, & roule sous le doigt, comme une corde, de la grosseur d'un tuyau de plume: parvenus l'un & l'autre jusqu'au bout du Nez, ils se réunissent par leurs Tendons, qui s'épanouiſſent en une Aponévroſe, laquelle ſe perd dans la Lévre ſupérieure, & c'eſt ce double Muſcle que l'on doit couper dans l'énervation de cette partie.

On fait une inciſion longitudinale de deux pouces de longueur ſur la partie charnue du Muſcle même, à côté du Nez, à quatre ou cinq doigts au-deſſous de l'Œil; on découvre le Muſcle, & on le coupe le plus haut que faire ſe peut, on ſaiſit le bout d'en-bas; qui ſe retire fort promptement, & on en coupe environ un pouce ou un pouce & demi de longueur. On panſe la playe avec du Beurre frais ou du ſuppuratif, & on empêche que le Cheval ne ſe frotte.

Cette Opération ſe pratique pour décharger les vûes graſſes, pour les Chevaux lunatiques, pour diminuer le volume des Têtes trop grosses; mais elle n'opére que comme pourroit faire un Séton.

Cette Opération se pratique aussi aux Ars. Les Maréchaux ne sont pas parfaitement d'accord sur la partie que l'on doit couper; les uns prétendant que c'est un gros Tendon, large d'un pouce antérieur au pli du bras; les autres, un autre Tendon latéral, beaucoup plus mince; les uns & les autres disant, en avoir de bons & de mauvais succès. Cette derniere Opération se pratique, en fendant la peau longitudinalement de haut en bas, disséquant le Tendon du Muscle qui se présente, passant la corne de Chamois dessous, & coupant tout en travers ce Tendon sur la Corne. Il est à observer que les Chevaux n'ont point de convulsion, quand on leur coupe les Tendons, quoiqu'ils ne soient pas entiérement achevés de couper, comme cela arrive aux Hommes; & même qu'ils souffrent cette Opération assez tranquillement ; l'on n'est pas même obligé de les lier, & il suffit de leur lever une Jambe. Elle se pratique pour les Jambes arquées ou bouletées.

Du Polipe ou de la Souris.

Les Chevaux sont aussi sujets que les Hommes, à une maladie qu'on appelle *Polipe*. C'est une excroissance fongueuse, qui prend son origine vers la voûte du Palais, descend dans le Nez, & embarrasse la respiration, & fait souffler le Cheval. Il n'y a point d'autre reméde à cette maladie, que d'emporter ce corps étranger.
On

On introduit la corne de Chamois dans le Nez ; on perce la fubſtance ſpongieuſe de ce corps étranger, & on l'attire à ſoi ; on donne la Corne à tenir à un ſerviteur, ſans quitter priſe, & l'on introduit le biſtouri le plus avant que faire ſe peut dans les Nazeaux, & on coupe le plus près de la racine que l'on peut, en remontant.

 Les Maréchaux appellent ce mal *Souris*, & l'Opération *Deſouricher*, mais cette Opération n'eſt pas ordinaire, quoiqu'utile & peu dangereuſe.

De la maniere d'ôter l'Onglet.

 Il faut bien attacher le Cheval, & paſſer ſous cette excroiſſance qui forme l'Onglée, une piéce d'argent ; enſuite avec une groſſe éguille, enfilée d'une groſſe soye, on perce le milieu de cette excroiſſance, on la tire en dehors, & on la coupe avec des ciſeaux. L'Opération étant faite, il faut laver les Yeux trois ou quatre fois par jour, avec de l'eau fraîche.

De la maniere de couper la Langue.

Il y a des Chevaux qui ont la vilaine habitude de tirer la Langue, & qui la laiſſent pendre en dehors d'une longueur aſſez conſidérable. Quoique ce ſoient d'ailleurs de très-beaux Chevaux, rien n'eſt plus déſagréable à la vûe. Cela peut provenir d'un relâchement dans la partie, auſſi-bien que de mauvaiſe habitude. On eſſaye différens moyens pour les corriger de ce défaut. On leur met des drogues âcres & désagréables sur le bout de la Langue pour la leur faire retirer; on la pince, on la pique, on y single de petits coups pendant plusieurs jours; & quand ce n'est qu'une mauvaise habitude, on la leur fait perdre quelquefois à force de soins & d'assiduités. Mais si ce défaut vient de mauvaise conformation, ou d'un relâchement dans la partie, & que toutes ces tentatives deviennent inutiles, on a recours à l'Opération, qui consiste à en couper un petit bout de chaque côté. Ce qui se fait en la tirant un peu sur le côté, la tenant ferme dans la main, ou sur un petit bout de planche, & en coupant avec un rasoir bien tranchant, les deux côtés du petit bout, afin que la Langue reste toujours un peu pointue, parce que si on la coupoit transversalement, elle passeroit par la suite par-dessus le mors, & outre cela le Cheval auroit de la peine à ramasser son Avoine dans la mangeoire. On prétend aussi que cette Opération ôte le ticq.

Observation sur la maniere de faire avaler les Breuvages & les Pillules, & sur l'usage du Billot.

L'USAGE ordinaire, lorsqu'on veut faire avaler un Breuvage à un Cheval, est de lui lever la Tête haute, de lui tenir la Bouche ouverte avec un Bâillon, & lui couler dedans la potion tout doucement avec la Corne. Dans certaines maladies, où il ne peut ouvrir la Bouche, on lui met la Corne dans les Nazeaux, & le

Breuvage paſſe par la communication de la voûte du Palais entre la Bouche & le Nez. Dans d'autres maladies, on le fait pour déterger quelque Ulcére, qui ſe peut trouver dans les Nazeaux, comme dans la Gourme & la Morve. Quelquefois on uſe de cette méthode, quoiqu'il n'y ait point d'Ulcéres dans les Nazeaux, & que le Cheval puiſſe ouvrir aiſément la Bouche, mais ſeulement parce qu'il ſeroit dangereux de lui faire lever la Tête, qu'il eſt obligé de lever plus haut, quand il prend par la Bouche. Pour les Pillules, on ſe ſaiſit de la Langue, on la tient ferme, & on met la Pillule deſſus avec un petit bâton, & elle ſe fond ou tombe inſenſiblement dans l'Eſophage, ſi elle ne couloit pas aiſément, on lui feroit tomber ſur la Langue quelques gouttes d'Huile pour faciliter la descente. Après avoir pris les Pillules, on peut lui couler sur la Langue un petit verre de Vin, pour achever de précipiter les Pillules. Mais voici ce qu'il faut observer.

1º. Qu'il est dangereux de faire lever la Tête trop haut, parce que le Cheval s'engoue plus facilement.

2º. Que quand il tousse, il faut cesser pour un moment le Breuvage & les Pillules, & lui laisser baisser la Tête, parce qu'on a vû des Chevaux qui ont péri d'une médecine, non par la qualité des drogues, mais par la quantité de liqueur qui étoit tombée dans la Trachée Artére, & avoit suffoqué le Cheval.

3º. De ne point tirer la Langue trop fort, parce que les adhérences étant foibles, on pourroit l'arracher.

4º. De ne lui point faire avaler trop vîte, par la même raison.

5°. De laisser le Cheval quatre ou cinq heures au filet sans manger.

Le Billot n'est point sujet à ces inconvéniens, c'est un bâton fait en forme de Mors, autour duquel on met les médicamens convenables, incorporez, s'il le faut avec suffisante quantité de Beurre ou de Miel, & que l'on enveloppe d'un linge pour retenir le tout ; aux deux bouts de ce Mors, est attaché une corde que l'on passe par-dessus les Oreilles, comme une têtiere. On laisse le Cheval à ce Billot, jusqu'à ce qu'il ait sucé tout le médicament. Cette maniere de faire prendre les remédes, est assez commode, & sans aucun danger.

D'autres ne mettent point de bâton dans le Billot : ils mettent le médicament fur un linge, qu'ils roulent enfuite, & nouent par les deux bouts, & ils l'attachent comme le précédent.

Maniere de faire les Pelotes blanches ou *Etoiles.*

Il y a plufieurs manieres pour faire une Pelote blanche, mais la meilleure eft celle qui fuit.

Il faut avec un poinçon, fait en forme d'une groffe aléne de Cordonnier, percer la peau au milieu du front, de travers en travers, & détacher la peau de l'Os avec ledit poinçon; il faut prendre enfuite quatre petites lames de plomb, étroites & longues d'environ quatre doigts, & à chaque trou que l'on fait, y paffer une lame, ensorte que les deux bouts de ladite lame, sortent par les deux extrémités : on en met de cette façon quatre en forme d'Etoile, qui passent les uns sur les autres, & forment une espéce de bosse dans le milieu du front. Cela étant fait, il faut avec une ficelle serrer les extrémités desdites lames, en serrant la ficelle de plus en plus, & l'arrêter; on laisse le plomb & la ficelle deux fois vingt-quatre heures ; on l'ôte ensuite, on laisse supurer la playe sans y toucher; il s'y fait une espéce de croûte, le poil tombe de soi-même, & celui qui revient est blanc.

D'autres se servent d'une Tuile ou Brique, en frottent la partie jusqu'à ce que le poil soit tombé & la peau écorchée, & frottent ensuite l'endroit avec du Miel.

D'autres se servent d'une Pomme qu'ils font rotir au feu, & l'appliquent toute brûlante sur la partie ; ce qui forme une escare, & le premier poil qui revient est blanc.

D'autres razent la partie, la frottent avec du jus d'Ognon ou de Poireau, appliquent ensuite sur l'endroit razé, une mie de pain sortant du four, l'y laissent jusqu'à ce qu'elle soit refroidie, & frottent ensuite la partie avec le Miel.

Maniere de tailler les grandes Oreilles pour les rendre petites.

IL faut faire faire deux moules de forte Tole, par un habile Serrurier, qui prendra la mesure juste d'une Oreille bien faite, & il formera ses moules de même : il faut qu'il y en ait un plus petit que l'autre; le plus petit sera mis en-dedans de l'Oreille du Cheval, & le plus grand en-dehors. L'Oreille étant ainsi prise entre ces deux moules, il faut la ferrer fortement en-dedans & en-dehors par le moyen d'un instrument à vis, ensuite avec le bistouri on coupera ce qui déborde de l'Oreille. L'Opération étant ainsi faite aux deux Oreilles, on ôte les moules, & il faut laisser le Cheval quatre ou cinq heures au filet, attaché entre les deux piliers dans l'Ecucurie, de maniere qu'il ne se frotte pas. Lorsque le sang sera arrêté, il se formera une croûte autour des Oreilles, & le lendemain on frottera la playe tout-au-tour avec de l'Onguent pour la brûlure, où parties égales d'Althéâ, de Miel ou de Saindoux fondues ensemble, on applique de l'un ou de l'autre Onguent avec la barbe d'une plume soir & matin, jusqu'à ce que cette croûte tombe d'elle-même. Avant de faire cette Opération, il faut couper ou razer le poil des Oreilles en-dedans & en-dehors le plus près qu'on pourra.

Pour relever les Oreilles des Chevaux qui les ont écartées & pendantes, (qu'on appelle *Oreillards*) on leur coupe environ deux doigts de la peau au-dessus de la Tête entre les deux Oreilles : il faut ensuite raprocher & coudre les deux peaux pour les rejoindre; on pansera la playe à l'ordinaire jusqu'à guérison. Il paroît qu'il y a un peu de cruauté dans les Opérations ci-dessus, mais il y a aussi des Curieux à qui cela plaît.

Maniere de faire des marques noires sur le Corps d'un Cheval blanc ou gris.

Il faut prendre environ une demi-livre de Chaux vive, un quarteron de Savon d'Espagne coupé bien menu, & une demi-livre de Litarge d'or en poudre, dans un pot où on aura mis de l'eau de pluye suffisamment. On met cette composition sur le charbon, on remue comme pour faire de la Bouillie : lorsque le tout est cuit & bien mêlé ensemble, on le laisse refroidir en le remuant toujours, jusqu'à ce que l'on puisse y toucher avec la main ; on l'applique ensuite sur le poil qu'on veut teindre en noir, après-quoi on met un linge blanc avec un bandeau léger, jusqu'à ce que la matiére soit séche ; on lave ensuite la place avec de l'eau fraîche. Afin que cette teinture dure longtems ; il faut l'appliquer lorsque le Cheval aura mué, & cela durera un an sans changer de couleur.

Pour faire des marques de couleur de poil de Châteigne, il faut prendre une livre d'Eau-forte, une once d'Argent brûlé, une once de Vitriol en poudre, une once de Noix de Galle en poudre ; mettre le tout dans une grande bouteille, ayant auparavant fait consumer l'Argent par l'Eau-forte ; on laisse le tout ensemble l'espace de neuf jours avant que de s'en servir, & il faut que ce soit avec un pinceau ; & plus délicatement qu'avec l'autre composition : si l'on veut seulement une couleur d'Alzan, il faut mettre plus ou moins d'Argent brûlé dans de l'Eau-forte, & la couleur fera plus ou moins foncée.

Pour faire revenir le Poil tombé par galle ou bleſſure.

PRENEZ partie égale de Populeum & de Miel blanc, frottez-en deux fois par jour quinze jours de fuite, les endroits où le Poil fera tombé : & ſi c'eſt en Eté, & à cauſe des Mouches, mêlez-y de la poudre de Coloquint ou de la poudre d'Aloës Sucotrin. En voici un autre : Prenez des Racines de Joncs blancs, qui croiſſent ſur le bord des Etangs ou Rivieres; après les avoir bien nétoyés, il faut les faire bouillir dans de l'eau juſqu'à ce qu'elles deviennent en bouillie ; ajoûtez-y enſuite autant de Miel blanc, mêlez bien le tout ensemble, & de cette composition, passez-en tous les jours sur les places où le Poil ne veut pas revenir, quinze ou vingt jours de suite.

Manière de remplir les Saliéres.

Prenez partie égale d'Orge mondée & de Vesse qu'on donne aux Pigeons, pilez-les l'un & l'autre, & les faites cuire dans de l'Eau-Rose jusqu'à ce que cela soit en bouillie ; remplissez-en tous les jours les Saliéres du Cheval, avec un bandeau fait exprès, & continuez trois semaines ou un mois.

Pour faire croître le Crin & la Queue.

La principale cause que la plûpart des Queues des Chevaux ne
sont

font pas longues, & garnies de poil, c'est le peu d'attention des Palfreniers, qui lavent superficiellement le haut de la Queue, & n'ôtent pas la crasse qui est à la racine des Crins, qui cause des démangeaisons au Cheval, qui l'obligent à se frotter & déchirer sa Queue. La même chose arrive aux Crins de l'Encolure si l'on n'en a pas le soin. On trouve à certaines Queues de gros Crins courts, qui consument la nourriture des autres, il faut les arracher. Quelquefois aussi ce sont des Cirons qui rongent la racine des Crins; en ce cas, il faut se servir du reméde suivant. Prenez une once de Vif-argent amorti dans une once de Thérébentine, l'incorporer dans du Saindoux, jusqu'à ce qu'il vienne couleur de cendre, & en frotter la racine des Crins pendant quatre jours.

Les remédes les plus communs dont on se sert pour faire croître les Crins & la Queue, sont les suivans.

Quelques-uns mettent infuser dans un seau d'eau des feuilles de Noyer, & en lavent les Crins & la Queue.

D'autres se servent de la racine de Roseaux qu'ils font bouillir.

D'autres prennent l'eau avec laquelle on lave la Viande de Boucherie avant de la mettre au pot.

D'autres prennent de la lessive & du Savon noir mêlez ensemble, mais il ne faut pas que la lessive soit trop forte, elle feroit tomber les Crins, & de l'une de ces eaux on lave les Crins & la Queue jusqu'à la racine.

On assure que le remède suivant est excellent, non-seulement pour faire croître les Crins, mais pour les faire revenir où ils font tombés.

Deux poignées de crote de Chévre fraîche, une demi-livre de Miel, une once d'Alun en poudre, une chopine de fang de Porc; faire bouillir le tout enfemble, & en frotter les Crins.

On fe fert auffi, pour faire revenir les Crins & le Poil après une bleffure, de Coques de Noix ou Noifettes brûlées & pulvérifées, que l'on met dans partie égale de Miel, Huile d'Olive & Vin, & l'on en frotte les Crins.

Du jus d'Ortie avec du Miel & du Saindoux mêlés enfemble, font le même effet.

Il faut tous les mois couper le bout de la Queue, non-feulement pour la rendre égale, mais encore pour la faire croître, & la rendre garnie. Il ne faut pas qu'elle passe le Boulet, le Cheval en reculant marcheroit dessus & se l'arracheroit.

Quand un Cheval a la Queue blanche, & qu'on veut la conserver propre, il faut, après l'avoir peignée & lavée, l'enfermer dans un sac, autrement la fiante & l'urine la rendroient jaune.

Fin de la Troisième Partie.

TABLE ALPHABETIQUE

DES MATIERES
ET DES REMEDES.

A.

AMPUTATION de la Queue. 433.
Arêtes, ou Queues de Rat. 362.
Atteinte, Javar, Atteinte encornée, & Javar encorné. 179.
Avant-cœur. 144.
Avives. 78.

B.

BARBILLONS. 107.
Barrer les Veines. 437.
Barres & Langue blessées. 112.
Baume ardent. 166. Baume pour Encastelure. 235. Baume Feuillet. 237. Baume de Soufre pour la Pousse. 258.
Billot pour mal de Tête de Contagion. 58. Billots de Miel. 113. pour Forbure. 200.
Bleime. 219.
Blessure sur le Boulet. 173.
Blessures & Enflures sous la Selle, sur les Rognons, & des Cors. 293.

Bouillie pour l'Etranguillon. 77.
Breuvages pour le Feu. 53. pour la Gourme. 86. 89. pour la Morve, & pour le Farcin. 102. pour la Forbure. 199. pour la Courbature. 265. pour Gras-fondure. 272. pour Flux de Ventre. 277. Breuvages vermifuges. 281.

C.

CAPELET ou Passe-campagne, & Eperon. 357.
Carau. 111.
Castration. 415.
Cataplame pour la Gourme. 92. pour Nerferure. 160. pour Entorse. 163. 165. pour Enchevêrure. 192.
Caustic pour fondre les grosseurs & duretés. 353. Caustic pour Sur-os. 155. 156.
Cautere actuel. 352. Cautere potentiel. *ibid.*
Chancre sur la Langue. 114.
Charge pour le mal de Taupe. 131. pour l'Avant-cœur. 145. Charge fortifiante pour Cheval éhanché, & effort de Jarret. 321. bonne aussi pour Jambes travaillées.
Chevaux maigres & dégoutés. 290.
Chûte de Membre & de la Matrice ; de la Rétention & incontinence d'Urine. 326.
Cirons. 109.
Cirouëne pour Jambes roides. 172.
Couper la Langue. 458.
Courbe. 341.
Courbature. 264.
Crapaudine. 200.
Crevasses. 373.

D.

DARTRES. 307.
Decoction astringente pour le relâchement de l'Anus ou fondement. 325.
Deffensif pour Cheval dessolé. 218.
Dessicatif pour Fourchette pourrie. 215. pour les playes. 296. pour Queues de Rat ou Arêtes. 363.
Dessolé de nouveau. 217.
Dessoler. 429.
Digestif pour Ulcére à une Atreinte. 189.
Dragon. 70.

E.

EAUX pour les Yeux. 64. 65. 66.
Eaux Cordiales. 53. 54.
Eau Stiptique pour Fourchette pourrie, &. pour dessécher les Eaux. 215.
Eaux des Jambes. 363.
Ecorchure entre les Ars. 143.
Effort d'Epaule, ou faux écart. 136.
Effort de Genou. 167. Effort de Reins. 298.
Eglander. 413.
Emmiellure pour Solbature & Pieds douloureux. 228. Emmiellure rouge. 334.
Emorragie. 115.
Emplâtre *blanche* pour les Eaux. 365. Emplâtre résolutif pour amolir une dureté. 356.
Encastelure. 208.
Enchevêtrure. 192.
Encloueure. 232.
Enerver. 453.
Enflures de Bourse, sous le Ventre, & autres

Enflures. 308. Enflure à la Cuisse. 322.
Entorse ou mémarchure. 161.
Eparvin. 347.
Eperon. 357.
Epointé, éhanché, & effort du Jarret. 316.
Escarre. 183.
Etonnement de Sabot. 229.
Etranguillon, ou Esquinancie. 74.

F.

FAIRE revenir le poil tombé. 471.
Faire croître le crin & la Queue. 472.
Farcin. 246.
Fausse Gourme. 94.
Feu. 49. Feu, maniere de donner le Feu. 440.
Flux de Ventre. 274.
Fiévre. 239.
Fic ou Crapeau. 385.
Fomentation pour l'Etranguillon. 76. pour Fondement qui tombe. 325.
Fondement qui tombe. 324.
Forbure. 193.
Forme. 177.
Fortraiture. 289.
Fourchette neuve. 213.
Friction pour mal de Cerf. 120.

G.

GALLE, Rouvieux & Dartres. 301.
Gourme. 83.
Grapes. 204. 378.
Gras-fondure. 269.

H.

DES MATIERES, &c.

H.
HYDROCELLE. 310.
Hernies ou Descentes. 332.

I.
JAMBES foulées, travaillées. 168.
Jardon. 355.
Jauniſſe. 283.

L.
LAMPAS ou Féves. 105.
Lavement, & la maniere de vuider un Cheval. 418. Lavement émollient. 52. Lament rafraîchiſſant. 116. Lavement pour la Fiévre. 244. Lavement pour Farcin. 249. pour Gras-fondure. 270. 273. pour Flux de Ventre. 276. 277.
Leſcive pour le Farcin. 253. pour la Jauniſſe. 284. pour la Galle. 304.
Liniment pour Foulure ſur le Garot. 133. pour la Galle. 304. pour Hidrocelle & enflure de Bourſes. 311.

M.
MALADIES de l'Avant-main. 48.
Maladies du Corps. 239.
Maladies de l'Arriere-main. 316.
Malandres. 150.
Mal des Yeux, Fluxion & coup ſur l'Oeil. 62.
Mal de Cerf. 119.
Mal de Taupe. 129.
Mal de Tête de Contagion. 57.
Manieres de faire des marques noires ſur le Corps d'un Cheval blanc ou gris. 469.
Matiere ſoufflée au poil. 207.
Molettes. 173.

III. Part.   S ſ

Morfondement, 96.
Morve. 99.
Mules traversieres & crevasses. 372.

N.

NERFERURE. 159.

O.

OBSERVATION sur la maniere de faire avaler les Breuvages & les Pillules, & sur l'usage du Billot. 460.
Ognon dans le Pied. 216.
Onglet. 73. Maniere de l'ôter. 457.
Onguent pour Morfondement. 97. pour dissoudre les tumeurs sous la Gorge. 88. 91. pour Malandres. 152. pour Molettes. 175. pour Atteintes légeres & Nerférures. 190. pour Crapaudine. 202. pour Grapes 205.
Onguent pour toutes sortes de blessures & playes. 296. pour la Brûlure. 450.
Onguent de Pied. 210.
Onguent de Montpellier. 336.
Onguent dessicatif pour Solandres, Malandres & Mules traversieres. 361.
Onguent détersif pour Mules traversieres & Crevasses. 377.
Opérations de Chirurgie qui se pratiquent sur les Chevaux. 397.
Opiat pour la Toux. 267. Opiat Vermifuge. 281.
Os de graisse. 220.

P.

PASSE-CAMPAGNE ou Capelet. 357.

DES MATIERES, &c.

Peignes & Grapes. 203.
Pelotes blanches ou Etoiles ; maniere de les faire. 464.
Pieds de Bœuf. 223.
Pillules puantes pour la Forbure. 197. Pillules pour le Farcin. 250. 254. pour la Pousse. 263.
Pissanesse. 114.
Poison. 313.
Poireaux & Grapes. 378.
Polipe ou Souris. 456.
Poudres Cordiales. 50. Poudre pour arrêter le sang. 116. pour le Farcin. 250. pour la Pousse. 259. pour engraisser un Cheval. 293. pour l'incontinence d'Urine. 330.
Poudre de Palmarius. 396.
Pousse. 256.
Purgation pour le Farcin 249. pour Gras-fondure. 274. pour la Galle. 303. pour les Eaux. 369.

Q.

Queues de Rat ou Arêtes. 362.

R.

Rage. 393.
Recette pour la Morve. 103. Bonne aussi pour Farcin, Galle, Dartres, Pousse, Forbures, Courbature, Enflure de Corps & de Jambes, & pour purger.
Remédes pour Ulcére sur le Garot. 134. 135. Bon aussi pour Ulcére sur le Rognon. Pour Molettes. 176. pour Enchevêtrures, Meurtrissures & coups de pied. 193. pour les Tranchées. 287. pour Enflure sous la Selle.

294. pour Cheval qui pisse le sang. 331. Contre le poison. 315. pour Hernies & Enflures. 337.
Remplir les Salieres. 472.
Résolutif spiritueux pour effort de Reins. 299.
Restraintif pour Atteinte sourde. 191. pour Forbure 198. pour Solbature. 230.
Rétention d'Urine. 289.
Rouvieux. 305.

S.

SAIGNE'E. 397.
Seime. 222.
Séton & Ortie. 419.
Solandres. 360.
Solbature & Pieds douloureux. 227.
Soufre humain. 93.
Suppuratif pour les Cors. 295.
Surdents. 110.
Suros, Osselet, Fusée. 152.

T.

TAIE sur l'Oeil. 71.
Tailler les grandes Oreilles. 466.
Teignes. 230.
Teinture d'Aloës. 132.
Tic. 117. Toux. 266.
Tranchées. 286.
Tumeurs & blessures sur le Gar

V.

VARISSE. 345.
Vers. 279.
Vertigo. 126.
Vessicatoire pour Entorse.
Vessigon. 338.

Fin de la Table des Matieres & des Remédes.

www.ingramcontent.com/pod-product-compliance
Lightning Source LLC
Chambersburg PA
CBHW060233230426
43664CB00011B/1636